公務員の危機管理広報・メディア対応

非難報道・炎上・バッシングの予防と応急措置

宇於崎裕美［著］

JN021695

学陽書房

はじめに

　本書は、事件・事故、自然災害、失言、感染症のまん延等により危機的状況に陥った組織を支援するために、私が現場で実行し効果を実感した方法と、報道や当事者を通して知った事例から学んだ教訓をまとめたものです。

　広報だけではなくリスクマネジメントや安全工学、失敗学の観点から、SNSや新聞、テレビ等あらゆるメディアへの対応策について提案しています。

　リスクマネジメントや危機管理広報にこれから携わる人はもちろん、すでに実践されている皆さんにもすぐに活用していただけるよう、アクション・チェックリストや公表文書のひな形を掲載しています。過去の事例については、「なぜそうなったのか」の理由を細かく分析し、そこから「どうすれば成功につなげられるのか」を考える具体策を紹介しています。

　平時においては、リスクについての考え方の参考として、またクライシス未然防止のために本書をお使いいただきたいと存じます。

　事件や事故、炎上に巻き込まれた後であっても「きっとなんとかなる。方法はあるはずだ」と前向きな姿勢を保つ糧にしていただけるように、本書ではクライシス発生時の「気持ちの持ち方」にも触れています。有事においては組織と担当者にとっての「救命救急マニュアル」として読み返していただければ幸いです。

　　　　　　　　　　　　　2021年秋　宇於崎裕美

目　次

第2章 最初の3時間、最初の3日間が勝負

第3章 発表文書と想定問答集の作り方

第7章 報道対応 FAQ

第8章 想定事例ごとの対処法のポイント

序章

不寛容社会到来

1 この世は過剰報道、炎上、クレームに満ちている

　世間の人々は不寛容になりつつあります。そこに新型コロナウイルス禍が加わり、状況はますます厳しくなっています。そんな世の中ですから、官公庁や学校でひとたび不祥事が発覚すると、テレビや新聞、週刊誌などマスコミは過剰報道に走り、世間の人々のSNSでは大炎上が起こります。経済不安が広がる中、収入や職が保障されている公務員や、特別な権限が与えられていると思われている教職員に対しての風当りはどんどん強くなっています。

　本書は組織としての官公庁や学校法人等の公的機関、公務員あるいは教職員個人が、事件・事故などの不祥事によりマスコミや住民からの信頼を損ね、過激な攻撃を受けないためにどうすればよいのか、具体的な方法とその背景にある考え方をお伝えするためにあります。

　クライシスは、どんなに気を付けていても起きるものです。リスクはゼロにはできません。東京電力福島原子力発電所における事故調査・検証委員会の元委員長で失敗学会理事会長の畑村洋太郎東京大学名誉教授は、次のように語っておられます。

　①あり得ることは起こる

　②あり得ないと思うことも起こる

　③思いつきもしないことも起こる

　つまり、想定内のことも想定外のことも、どんなことでも起きるときは起きるということです。

　①は当然のこととして、②の「あり得ないと思うことも起こる」というのは、どうしてでしょう。「こんなこと起きるはずないよね」と人が思うことは、確率的に起きる可能性がゼロであるということではありません。単に人が「起きたらいやだな」と思っている

だけのことです。

　③の「思いつきもしないことも起こる」というのはやっかいです。人間の想像力には限界があります。何が起きるかわからないのならば、何をすればいいのか途方にくれてしまいます。「想定外への備えを怠らないこと」と畑村先生は語っておられますが、「思いつきもしないこと」が起きたときのための備えとは、予防策ではなく「減災策」のことです。何が起こるかわからないのですから予防することは無理です。そこで、何か想定外のことが起きてしまったときに被害をなるべく小さくするように、あるいは被害をそれ以上大きくしないようにするために、普段から心構えをし、策を練っておくということです。

② 不祥事は「運命ではなく、変えられるシナリオ」

　想定内であろうと想定外であろうと、事件や事故あるいは災害は起きるときは起きます。それは運命かもしれません。しかし、そこからどうなるかは、自分たちで「変えられるシナリオ」です。当事者が起きてしまった不祥事にどう立ち向かうか、それにより破滅に向かうのか、それともダメージを最小限に抑え復旧・復興できるのか。その境目が本当の「クライシス」です。クライシスは「危機」と訳されることが多いですが、本来の意味は「運命の分かれ目」です。事件・事故・災害が発生した時点では、当事者がその後どうなるのか、実はまだ決まったわけではありません。つまりあきらめてはいけないのです。打つ手はないか考え実行しましょう。そこで、運命を少しでも上向かせるための有効な手段として「危機管理広報」をおすすめします。

　昨今の報道を見ていると、事故あるいは災害については直接的な

一次被害よりも、風評による二次被害のほうがはるかに深刻になっている事例が増えています。日本は事故や自然災害からの復旧は世界でも群を抜いて早いのに、住民やマスコミへの情報公開が遅かったり説明が不適切だったりして、当事者や地域産業、住民が長い間、風評被害に悩まされるということがよくあります。東日本大震災と福島第一原発事故の例を見てもおわかりのとおりだと思います。

　日本においては危機管理広報についての歴史が浅く、その重要性の理解や実際の技術が普及していません。クライシス発生時、記者会見やネットでの公表が必要なのに、ぐずぐずしていてタイミングを外してしまう例が多く見られます。官公庁や学校の職員の皆さんが、事故や災害からの復旧作業を一生懸命にやっているのに、世間の人々や住民とのコミュニケーションが足りなくて感謝されないのはとても残念なことだと思います。

　また、SNSの普及により情報伝達環境はがらりと変わりました。世間の人々が自由に自分の意見や感情を大勢に向かって表明することが非常にたやすくなりました。それが官公庁や学校、そこで働く職員への評価が厳しくなる要因にもなっています。SNSユーザーの中には、間違った情報をうのみにしたり、一時的な感情を爆発させたり、時には意図的に誰かをおとしめるような書き込みをしたりする人が存在します。SNSの怖いところは、そのようなネガティブな書き込みが一瞬にして世界に拡散し、完全に消し去ることはほぼ不可能だということです。ひとたび、SNS上で評判を落とした組織や個人は、その後、なかなか立ち直れないということになってしまいます。

　自分に落ち度がなくても、立場的に世間の人々の不満をぶつけられることが多い公務員や教職員は、SNSで誹謗中傷の的になりやすいものです。たとえ法的手段に訴えて、ネット上でデマを流した人

から賠償金を得たとしても、本当の意味での名誉は回復されません。

　そのような事態を防ぐためにも、事件・事故・災害などのクライシスが起きたときには、速やかにマスコミやネットに情報を公開し説明責任を果たすことが必要です。また、ネット上の間違った情報に対しては拡散されて収拾がつかなくなる前に、早急に火消しをする必要があります。

③ SNSが変えた"感情"伝達速度

　もともと自治体等官公庁は、民間企業と違い事件・事故だけではなく自然災害のときにも説明を求められます。東日本大震災以降、学校法人も児童・生徒・学生に対する安全配慮義務が厳しく問われるようになりました。

　それに加えて、最近は人々の価値観や権利意識が変わりダイバーシティが重視されるようになったため、差別やハラスメントの解釈がどんどん広がっているように思われます。十年前なら問題にならなかった発言が今は失言として扱われ、マスコミや世間の人々から厳しく問われるようになってきました。この傾向は、インターネットやSNSの普及によりさらに拍車がかかっています。フェイスブックやツイッター、インスタグラム等での交流は楽しいものですし、何と言っても便利です。しかし、一瞬にして大勢とつながるという特性のため、首長や職員、教師が発した言葉によりSNS等で炎上が起きて、見ず知らずの人たちから批判的コメントや誹謗中傷が集まったという報道はよく目にします。ネット炎上現場の多くは、明確な主義主張に基づく議論ではなく、しばしば過激な言葉の応酬による無益な傷つけ合いやうっぷん晴らしの場になってしまっています。私は、SNSでは正確な事実関係についての情報よりも、ネガ

ティブな感情のほうが目立つし拡散しやすいと考えています。

2019年、ある「あおり運転事件の関係者」としてツイッターで名前や電話番号を暴露された女性がいました。この女性は事件とは無関係なのに、SNS上のデマで一夜にして「犯罪者扱い」されてしまいました。2020年には、テレビ番組に出演した女性がSNSでの誹謗中傷に悩んだ末、自殺するというショッキングな出来事も起こりました。SNSが普及したことにより、世間の人々は事実関係を確認せずに、また深く考えることなくギスギスした言葉をまき散らすようになってしまったのです。

ご存知のように、ネットでたたかれるのは個人だけではありません。官公庁や学校、企業などの組織も騒ぎに巻き込まれます。地域振興や製品のPRのためにインターネットに流した動画がSNSで猛烈に批判され、クレームが殺到するということは何度も起きています。

④ 前例主義は通じない

情報通信手段が発達し、新しいコミュニケーション・ツールが次々と登場し、人々の価値観や生活様式が常に変化している現代において、「前例主義」は有効ではありません。それなのに、官公庁ではいまだに前例主義がはびこっています。

公務員が前例主義になりがちなのは怠慢だからではないでしょう。手間暇を惜しむとか新しいやり方にチャレンジしたくないとかが理由ではないはずです。おそらく「先輩方のやり方を自分が変えていいものだろうか」という迷いがあるからではないでしょうか。

以前と違うことを行うのは「過去の否定」ではありません。前任者とは別のやり方を選択したり、新しい方法を導入したりするのは前のやり方が間違っていたからではなく、「環境や人々の価値観が

変わったから」です。変化に合わせるのは当然のことで、別に前任者や先輩のメンツをつぶしたり失礼なことをしたりしているわけではありません。

　多くの民間企業の経営者たちは、「変わらないことが最大のリスク」あるいは「リスクをとらないことが一番のリスク」と考えます。そうしないと、時代に取り残され、市場競争で負けてしまうからです。かつて、官公庁は競争とは縁が薄かったとしても、今は違います。人口減少社会では、どの自治体も住民を増やしたいと願っています。企業誘致にも熱心です。つまり、自治体間の競争が激化しているということです。競争に勝つためには、柔軟に変化していくことは必須です。

　また、今は何事も説明責任が求められる世の中です。「前例にないので新しいことをしない」、あるいは「前例にならい過去と同じことをする」とき、マスコミや世間の人々にそのことを理由に「合理的な説明」ができるかどうか考えてみてください。よく、官公庁の記者発表で「『前例がない』ことを理由に○○を認めない」というコメントを聞きます。前例がないことがどうして何かをやらない理由になるのか、私は理解できません。歴史的行事などで前例を踏襲すること自体に「伝統を守る」という文化的な価値があるのなら理解できます。しかし、それ以外のことで今、問題が生じているのなら前例にないこともやってみるべきでしょう。

⑤ すでに競技ルールは変更された

　かつては、役所や学校の文書は正確さが第一でした。特に官公庁の書類は、いわゆるお役所言葉がそのまま使われていて一般人には難解でした。それを理解できないのは、読み手の教養や努力が足り

ないせいだと思われていました。しかし、今は違います。わかりにくい文書は、書き手の努力不足とされます。素人でも、興味のない人でも、日本語を母語としない人でも、理解できる文書が「わかりやすくてよい」と評価されるのです。また、官公庁職員や教職員の態度についても親しみやすいことが求められ、えらそうにしていてはすぐにクレームを言われるようになりました。このことについて、良し悪しを問うことは現実的ではないと私は思います。なぜなら世界の価値観は常に変わっていくものだからです。これは、例えていうと、スポーツ大会の競技種目やルールが変わったようなものです。同じスケート大会でも、以前はスピードスケートだったのに、今はフィギュアスケートに競技が替わったようなものです。スピードではなく、技の難易度や美しさが採点されるようになったのです。そのくらい、大きな変化が起きています。それは時代の流れでそうなったわけで、あなたのせいではありません。したがって、嘆いてもしょうがないことなのです。

⑥ コミュニケーションはフィギュアスケートに似ている

　人間社会のコミュニケーションとは、単なる情報の交換ではありません。正確な情報を伝えるだけではなく、それをどのように伝えるのか、受け入れやすい形になっているのか、信頼感があるのか、タイミングが適切かといった相手の感情に影響を及ぼす要素も大切です。

　コミュニケーションの評価は、フィギュアスケートの採点のように、技術点と演技構成点の合計で判断されます。どんなに技術が高くても、見ていて気持ちのいいもの（受け手の感情に訴える力の強いもの）でなければ高得点は得られません。

クライシス・コミュニケーションはフィギュアスケートに似ている

・得点 ＝ 技術点 ＋ 演技構成点 － 減点

| 情報の公表・説明 ①現状 ②原因 ③対応策、補償 ④再発防止策 | 発表のタイミング、謝罪の有無や仕方、説明者や司会者の外見・態度・言葉の選び方等、受け手の感情を左右する要素 | 遅刻、発表資料の誤植等発表時のミス、マイクの故障、記者ではない第三者の乱入等の突発事故や不手際 |

⑦ 技術点だけではなく演技構成点も高めよう

　事件・事故に巻き込まれたときのコミュニケーション活動であるクライシス・コミュニケーションを成功させる技術はとてもシンプルです。

　まずは、人々が求める情報（現状、原因、対策、再発防止）を正確に速やかに発表することです。そこができているかどうかで技術点は決まります。次にそこに、人々の感情が関わる演技構成点が加わります。多くの官公庁や企業はそこのところを読み間違え、技術点だけにこだわりすぎて、クライシス・コミュニケーションに失敗しています。

8 クライシス・コミュニケーションの
技術点と演技構成点の上げ方

　本書では、単に技術点を高める方法の紹介だけではなく、人々の心に伝えるべきメッセージを明確に届けるためにクライシス・コミュニケーションにおける演技構成点とは何かについても解説していきます。

第1章

私たちを取り巻く世界、
報道の実態

① 同じ事故でも報道のされ方は違う

　お気づきの人も多いと思いますが、同じような事故でもテレビや新聞での報道のされ方やネットでのウワサのされ方は違います。報道の大きさは被害の大小ではなく、別の要因に左右されます。その日ほかに大きな話題がなかったから大きい、逆に他所で大事故が起きたから小さい、といった環境要因もありますが、実際は当事者の情報公開のあり方が最も影響します。

　事故を起こした後、情報を出し惜しみしたことにより「隠ぺい」を疑われ、事故ではなく「隠ぺい体質」という別のことで騒がれ、結果的に報道が長引くというケースがあります。その例が、以下の２つの「ヘリコプター墜落事故」からわかります。

　2010年夏、たまたまヘリコプターの墜落事故が相次いで起きました。事故発生時、どちらも事故原因は不明で、それぞれ乗員５名が亡くなりました。事故発生時期、原因不明、死亡者５名と共通点は多いのですが、報道のされ方は全く違いました。

　７月に発生した事故については、新聞、テレビ等の報道は墜落当日と翌日の２日間で終息し、どれも事故についての事実関係のみで当事者を責めていませんでした。

　８月に起きた事故については、何週間もマスコミは大騒ぎして当事者を責めたてました。理由は、事故直後の記者会見で当事者が事実とは違うことを発表し、記者たちの取材によりそれが発覚したからです。本当は、外部の人に見せるためデモンストレーション飛行をしていたのに、「通常パトロールをしていて事故が起きた」と発表したのです。その記者会見後、マスコミは発表のとおり「パトロール中に事故発生」と報じました。すると「いつものパトロールと違うところを飛んでいた」という声が周辺住民から上がり、記者

2010年のヘリコプター事故　事例比較

S県防災ヘリ墜落	K庁ヘリ墜落
・隊員5人死亡	・隊員5人死亡
・7月25日（日）11時ごろ 登山者救助活動中に墜落	・8月18日（水）15時すぎ 司法修習生に対する2回のデモンストレーション飛行の合間に墜落
・7月25日22時00分付で県HPの「県政ニュース」にプレスリリース掲載	・最初の記者会見で、デモンストレーションのことは述べず、「通常パトロール中に事故発生」と発表
・翌26日朝、知事がコメントを発表	・住民への取材により、発表内容が、事実と異なることが判明
・報道内容は事実関係のみ	・マスコミは「隠ぺい」「改ざん」と非難
・2日間で報道は終息	・その後も、発表内容が事実と違う点が次々と判明、そのたびに会見
	・非難報道は長期化

もそのことに気づきました。記者が当事者に確かめに行き、実はパトロールではなかったことがバレてしまったのです。それで「隠ぺいだ」「改ざんだ」と激しく追及されてしまったのです。その後もなぜデモンストレーションだったと正直に発表しなかったのか当事者から説明がないので、隠ぺいの意図があったかどうかも定かではありません。しかし、「隠ぺいを疑われる」ことと実際に「隠ぺいした」ことは、外から見える現象としては同じです。マスコミは事故そのものではなく、当事者の隠ぺい体質を責め続けました。

② 騒がれ方は被害の大きさに比例しない

　1でみたように、報道の大きさや報道される期間は、被害の大きさと相関関係があるわけではありません。大きな被害を出した事件・事故でも報道がすぐに終息する場合もあるし、被害は小さいのに騒がれるケースもあります。その違いは、当事者の発表の仕方が

大いに関係します。

2019年に「ヘリコプターから被災者落下死亡事故」がありました。

10月、消防隊員が、台風19号の被災者をヘリコプターに乗せて救助しようとしていたときに、誤って被災者を地上40mから落下させるという事故が起きました。被災者は亡くなり、消防本部は事故当日の夜に謝罪記者会見を開きました。そこで丁寧な謝罪をし、記者たちの興味関心に対し過不足なく情報を適切に提供しました。その結果、この事故に関しての報道は当日と翌日の2日間だけで終息しました。しかも報道内容は事実関係のみで、どれも消防本部や当該隊員を責めるものではありませんでした。ネットで騒がれることもありませんでした。

救助のプロである消防隊員が、一度は助け上げた被災者を"誤って"死なせてしまうというのはとんでもないことです。しかし、その後の謝罪会見により、マスコミでバッシングを受けたり、ネットで炎上が起きたりすることは防げました。

T消防本部の事故対応

- 2019年10月13日10時6分頃、台風19号の被災地で77歳の女性をヘリコプターで救出途中、**誤って地上40mから落下させる事故**発生。女性は死亡
- 10月13日18時、T消防本部は庁内で**謝罪会見**
    - 「受傷された方、ご家族の皆様に心からお詫びを申し上げます」と謝罪
    - 航空隊長が「通常、カラビナは救助者を運ぶ隊員が自分のものと救助者のもの、両方を固定するが、地面が水没していたため、女性を抱える状態で別の隊員がハーネスを着けたことが、手順を見失った原因と思われます」と説明
    - 次長は「申し訳ありませんでした。原因を確認し、再発防止と信頼回復に努めて参ります」と謝罪
    - 救助活動にあたった救助隊員2名については、「年齢はともに32歳。消防に入ってからは12年と13年で特別救助隊員の資格を有しており、航空隊に配属されてからは1年6カ月と2年6カ月。それまでは消防署の特別救助隊員として活動」と説明
- 報道は事実関係のみで、2日間で終息
- 10月19日、I市での女性の告別式に知事とT消防本部トップが参列

非難報道やネット炎上が起きるか起きないかは直接的な被害の大きさだけによるものではありません。クライシス発生後、当事者がどのように行動するかが大きく影響します。

③ マスコミやネットで騒がれる事柄は決まっている

　私は長年、あらゆる事件・事故そして災害の報道を観察してきました。そこで気づいたのは、「マスコミで騒がれる事象はいつも同じ」だということです。クライシスの種類が何であれ、被害の大小や当事者が官公庁か民間企業かも関係なく、報道でどこかが非難されるときは、いつも次のような、同じ単語が並ぶのです。

　　＜マスコミ非難の矛先＞
　　・情報公開の遅れ
　　・隠ぺい
　　・放置
　　・偽装
　　・改ざん
　　・一転○○を認める、態度を変える
　　・発表内容、決定が二転、三転
　　・内向き体質
　　・組織の論理
　　・過剰な組織防衛

　このように、なぜ同じ単語が並ぶのかというと「わかりやすいから」です。

④ 報道はわかりやすいことが大切

　記者たちは「報道のプロ」ですが、たとえばヘリコプターのプロではありませんし、救命救急のプロでもありません。世の中のクライシスは行政や医療、教育、産業等様々な分野で起こるので、記者たちにとっても知らないことは多いはずです。また、マスコミ報道の受け手は一般の人々です。それぞれ自分の専門分野を持っているでしょうが、それ以外のことについては素人です。とすると、「事故が起きた！」という報道で、詳しく事故発生のメカニズムを解説されても理解には限界があります。そこで、誰もが「けしからんな」とわかる現象について取り上げたほうが、記者にとっても読者・視聴者にとってもすっきりするということになるのだろうと私は考えています。その「けしからん」現象が、前出**3**の**＜マスコミ非難の矛先＞**です。

　例えば「〇〇市役所、隠ぺい」というタイトルの記事があったとすると、全部を読まなくても読者は「あそこ、何かを隠ぺいしたのか。けしからんなー」と、わかったような気になります。直接の関係者と違い世間の大半の人々は事件・事故について"詳しく"知らなくても平気です。世の中で起きたクライシスをまったく知らないと、「情報に疎い人」と言われ社会人としては不都合がありますが、〇〇市役所が何をいつどのように隠ぺいしその影響がどんなものだったのかを語れなくても別にいいのです。それで、電車の中などでネットニュースや新聞をざざっと流し読みしたり、テレビのニュース番組を食事や着替えなど別の何かをしながら見たりということになります。そのとき大事なのは「パッと見て（聞いて）パッとわかる」ことです。そんな読者・視聴者のために、記者たちは誰もがわかるように伝える努力をしています。その結果、あらゆるク

ライシスが似たような単語で報道されるようになるのだと私は考えています。

5 事件・事故がなくても非難の矛先になる事象があると危ない

事件・事故にいたらなくても、前出3＜マスコミ非難の矛先＞にあるような体質や事実が、職場・組織にあると危ないです。何かのきっかけで記者が取材しにきたら、すぐに悪く報道される危険性があります。＜マスコミ非難の矛先＞に該当するようなことがないように、日頃から職場環境や行動には注意するとよいでしょう。

6 メディア対応とクレーム対応は違う

クライシス発生時に報道対応をするとき、よくある間違いはクレーム対応と同じことをすることです。事件・事故が起きたときの報道対応もクレーム対応も正直、楽しいものではありません。窓口に記者がやってきたときもクレーマーがやってきたときも、「ああ、いやだな。たいへんだな」という気持ちになるのは同じかもしれませんが、両者は大きく違います。

7 記者はクレーマーではない

当たり前のことですが、記者はクレーマーではありません。記者は仕事でやってくるのです。質問するのも取材だからです。クレーマーのように、個人的な不満があってやってくるわけではありませ

ん。だから、対応の仕方も違って当然です。クレーマーと記者の違いを以下にまとめます。

<行動の違い>

◆クレーマーの多くは個人的なことでやってくる

◆クレーマーは自分で使える時間がたっぷりある

◆クレーマーは自分の都合のいいときにやってくる

◆クレーマーは好きなだけ居座ろうとする

■記者は仕事でやってくる

■記者には締め切りがあり、常に時間に追われている

■記者は変わったことが起きたときに、それを取材したいからやってくる

■記者は必要な情報を入手したらすぐに立ち去る

<目的の違い>

◆クレーマーは精神的あるいは物質的な満足を得たい

◆クレーマーは謝罪してほしい、自分の要求や正義を通したい、話し相手がほしい

■記者は事実関係を知り報道したい

■記者本人は被害者ではないので、別に謝ってほしいわけではない

<対応の違い>

◆クレーマーの言葉は繰り返したほうがよい

クレーマー対応の基本として、クレームを言ってくる人の言葉を、こちらが繰り返すことが大切だとされています。理由は、三つあって、一つめは「ちゃんとあなたの訴えを聴いていますよ」という証として繰り返す。二つめは、相手に頭を

冷やす機会を与えるためです。「つまり、○○○にご満足いただけないのですね？」と対応者からの確認という形で質問することで、相手が客観的に自分の放った言葉を振り返り、「言い過ぎたかな」「あれ、ロジックが通ってないかも」と気づかせるためです。三つめは、相手に対し、質問することでこちらが会話の主導権を握るためです。言われっぱなしだと主導権は相手にありますが、こちらから問いかければ主導権はこちらに移ります。

■**記者の言葉は繰り返してはいけない**

記者の言葉は繰り返してはいけません。なぜなら、記者は質問をするときに、自分の思い描くストーリーに沿った「過激で過剰な言葉」を使いがちだからです。そんな大げさでスキャンダラスな言葉をこちらが声に出して繰り返すと、その場面や音声だけが切り取られる危険性があります。「つまり、それは不適切な関係であったということですか？」と問われ、「私はその人と不適切な関係ではありません」というように、記者の言葉を引用する形で否定してはいけないのです。

日本語は、最後まで聞かないとイエスかノーかわからない言語です。

「私はその人と不適切な関係」というフレーズだけを聞いた時点では、まだ肯定しているのか否定しているのかわかりません。もし、テレビ局や新聞社が編集のときに「ではありません」の手前で映像や文章を切ってしまうと、「あ、この人は不適切な関係を認めたんだ！」と視聴者や読者は勘違いしてしまいます。

　報道側が勘違いさせるつもりはなく、こちらの言葉を最後

まできちんと報道したとしても、視聴者や読者が最後まで
しっかり見聞きしているとは限りません。朝の忙しい時間に
テレビをながら見していて、こちらの言葉を途中までしか聞
かないでそのまま出かけてしまうかもしれません。そんなこ
とが実際にあるので、記者の言葉を繰り返してはいけないの
です。記者の問いかけを否定するときは、「いいえ、それは
ちがいます」と意識的に相手の言葉を引用しないように心掛
けてください。「この」「その」「あの」「これ」「それ」「あ
れ」といった指示代名詞を使って回答したほうが安全です。
そうすれば、過激で過剰な言葉を言わずにすみます。

　一般的には、「あれをそれしてください」というような指
示代名詞の多用は相手に伝わりにくいのでやめましょうと言
われています。しかし、謝罪会見などでは、戦略的に指示代
名詞を使うほうがよいことがしばしばあります。不祥事発生
時の記者対応はやはり特殊だといえます。

第2章

最初の3時間、
最初の3日間が勝負

1 初期対応のポイント

　事件・事故に限らず災害時の失言、対応ミスなどすべての不祥事は、発覚から最初の3時間、そして最初の3日間が勝負です。その間に素早く、終息に向けての行動がとれたかどうかが問われます。ただし、これは3時間や3日間のうちにすべて解決しなくてはならないという意味ではありません。どんな問題も、ほんとうの終息までには時間がかかります。しかし、初期段階で当事者が適切に対応しようとしたかどうか、という当事者の姿勢を報道やネットでの情報公開を通して、世間の人々に見せる必要があります。最初の3日間のうちに、世間の人々の評価の方向性が「当事者は解決に向けて、一生懸命にやっている。よかった」という方向に向くかどうかが大切なのです。

不祥事発生時の発表で大事なこと

　1. スピード
　2. わかりやすさ
　3. 正直さ

注意
  - 知っていることをすべて話していいわけではない。**機密事項、個人情報には注意！** 言えないことは「〇〇（理由）だから言えません」でOK
  - 「不明」「未定」「検討中」「調査中」「変化無し」でも発表する価値がある！
  - ただし、「調査中」「検討中」を方便として使ってはいけない！

　はっきり言えるのは、どんな場合も何もしないで「様子見」だけというのはあり得ません。これは周囲から非難されます。不明・調査中のまま発表するところが真面目な人には合点がいかないのでは

ないでしょうか。慎重な公務員や教師は「まずは調査してから」「上司・議会、校長・教育委員会の承認を得てから」「対策が正式に決まってから」動こうとします。調査も承認も正式決定も問題解決のためにはすべて大切ですが、不祥事発覚の初期段階に人々が求めていることは「正式」とか「正確」というのとはちょっと違うのです。報道関係者をはじめ世間の人々は、問題が起きてすぐに全容が判明し対策が施され、あっという間に解決するとは思っていません。それは無理なのだということは皆わかっています。

② 世間の人々が求めていること

　人々は異常事態が起きたこと自体を早く知りたいのです。情報がほしいのです。その情報とは、①何が起きたか（現状）、②なぜ起きたか（原因）、③今、どうするのか（対応策や補償）、④将来、どうすればよいのか（再発防止策）といった四つのポイントについてです。

危機発生時、皆が知りたい四つのこと

①何が起きたか（現状）

②なぜ起きたか（原因）

③今、どうするのか（対応策、補償）

④将来、どうすればよいのか（再発防止策）

記者発表（会見、個別取材）や関係者説明会の資料に入れるべき重要ポイント

---

①の「何が起きたか」（現状）については、すぐにわかるでしょう。「事故が起きました」「事件が起きました」「失言をしてしまいました」等、現象そのままです。「事故が起きた模様だ」と可能性の段階でももちろんOKです。②「なぜ起きたか」（原因）以下はすぐにはわかりません。でも、報道関係者を含め世間の人々は情報を求めています。いったいなんと言えばよいのでしょうか。答えは簡単です。

　回答例は、
①事故が起きました。
②原因はわかりません。現在、調査中です。
③対応策や補償については、決まっておりません。これから検討します。
④再発防止策についても決まっておりません。原因が判明次第、検討します。
で、よいのです。

　「え？」と拍子抜けした読者もいらっしゃるでしょう。でも、「不明」でも、「調査中」でも、「未定」でも、「検討中」でも、それが本当ならそれでよいのです。

　重要なのは、「皆が知りたい四つのことについて、役所や学校はどこまで何を把握しているのか、把握していないのか。対応をやっているのか、まだなのか」について知らせることなのです。この段階では、人々は「把握していないからダメ」とか「できていないから悪い」という評価をくだそうとしているわけではありません。原因が「不明」であっても対策が「未定」であっても、「異常事態が起きて、今、どうなっているか」を早く発表することが大切なのです。

　真面目な公務員や教師は、人々を混乱させないために、あるいは

保身のために「あいまいなことは言ってはいけない」と考えがちです。それは一面では正しいでしょう。一方で、「不明」や「未定」という現状の表現はあいまいなことを言っているわけではありません。それはそれで立派に現実を説明している言葉です。「不明」「未定」と言うことを、ためらう必要はありません。特に初期段階ではそうなのです。

③ スピードが命

　真面目な人たちがやってしまいがちな間違いは、「すべてが判明してから発表しよう」「何を聞かれても答えられるようにしてから公表しよう」と思うことです。完璧主義の人は「あれこれわからないとか、決まっていないとかは中途半端だ」と感じ、完全無欠の資料を用意しようとします。しかし、それはいつ完成するのでしょうか。多くの事故報告書は、出来上がるまで1年以上かかっています。何年経っても原因がわからない場合もあります。

　今はスマートフォンとSNSが普及し、いつでもどこでもだれでも、情報発信したり、撮影したりできますし情報検索することもたやすいので、なにか事故や事件が発生すれば、そのことがすぐに世間に知られてしまいます。内部告発も珍しくありません。当事者が正式に発表する前に、SNSでウワサになったり、週刊誌に記事が出てしまったりすると最悪です。当事者はそのうちきちんと発表するつもりでいても、先にウワサやゴシップ記事が出てしまったら、世間からは「隠ぺいだ！」と糾弾されます。そんな世の中ですから危機発生時は「スピードが命」なのです。

　理想は危機が発生してから、あるいは自分たちが覚知してから3時間以内に発表準備を整えることです。遅くても、事件・事故が発

生したその日のうち、あるいは皆さんが覚知したその日のうちに発表することです。その時点では、「事故が起きました。詳細不明です」でもよいので、第一報を報道関係者に知らせたり、ホームページに掲載したり、市民に警戒メールを送ったりしてください。あとで、それが間違いだったとしても「フライングだったね」「人騒がせな」と言われる程度です。発表が遅くて「隠ぺいだ！」と糾弾されるよりはましでしょう。

④ 正直になろう

　人々は隠ぺいやインチキ、ごまかし、うそを嫌います。正直であることが尊ばれるのは誰もがわかっているのですが、危機発生時にはなかなかそうはいかないもののようです。

　組織は様々な利害関係、人間関係が交錯しているので、記者会見で正直に答えることで他の誰かに影響を与えてしまうことがしばしばあります。それで「これを言うべきか、言わざるべきか」と皆、悩むのです。そんなときの解決策は、「今、自分たちにとって一番大事なステークホルダー（利害関係者）は誰か？」と問うてみることです。忖度や裏取引、根回しばかりが優先されると「いったい役所や学校はどこを向いて仕事をしているのか」とマスコミやネットで非難されます。危機発生時、そんなことになってはいけません。

　上司や先輩、仲の良い友人、身内、頼りになる有力者も大切ですが、公務員や教師という立場であれば、大切なステークホルダーは、一般国民あるいは地域住民であり児童・生徒・学生や保護者でしょう。そのことを念頭において、発表資料を作成し記者会見で発言することが、クライシス・コミュニケーションとして正解なのです。「言うは易し行うは難し」かもしれませんが、がんばりましょう。

5 「不明です」「未定です」も立派な説明

　「不明」「未定」については、はっきり、そのとおりに言ったほうがよいです。わからないことがあったり決まっていなかったりすることを恥だと思うのか、抽象的な常套句を並べてあいまいな言い方をする人は世の中には多いようです。しかし、公務員や教師が抽象的にぼやかすようなことをしてしまうと確実に信頼を損ねます。

6 わかりやすさはどんな名文にも勝る

　いわゆるお役所言葉や専門用語が、世間の人々からは煙たがられるのはご承知だろうと思います。一般に向けての発表文は平易な言葉を使って表現することが基本です。単語レベルだけではなく、文章の構成もシンプルにしたほうが受け手に伝わります。

7 まず結論が先

　読み手にとって、わかりやすい文書とは、タイトルと第一パラグラムで全容がつかめる文書です。それは起承転結の構成ではありません。結論を最初にもってきてください。一つの文章が短いことも重要です。なるべく接続詞を使わずに、一つの文章には一つのことだけを表現するようにしてください。二重否定もやめましょう。そして、全体の文章量はＡ４サイズ１枚に収まる程度。文字サイズ11ポイントなら1,000字未満です。文章で表現しにくいことは、添付資料として図やグラフ、写真をつけてください。とにかく、読み手

に余計なストレスを与えない工夫をしてください。

　記者の質問に口頭で答えるときも、結論から話し、イエス、ノーもはっきりさせてください。わからない場合は「わかりません」でけっこうです。聞いている人が「この人はいったい何を言いたいのだろうか？」と途中でいら立つような冗長なしゃべり方は厳禁です。とにかく、結論が先、背景や詳細説明はその後というのは、文書でも口頭説明でも同じです。

⑧ 評価は最初の3日間で決まる

　事件や事故などのクライシスを発表してから3日間で、当事者に対する世間の評価は決まります。当事者にとって望ましい方向かそうでないかは、最初の発表時に決まり、3日間のうちに評価が固定化されます。それより後になってから世間の評価を変えようと努力しても成功する確率は低いです。なぜなら、どんな大事件・大事故でも3日経つと報道がほとんどなくなるからです。一つの事件・事故に関する新しい報道が出てこなくなると、SNSでの盛り上がりも続きません。なぜそうなるかというと、人間は飽きやすいからです。読者・視聴者はいつまでも同じ話題に興味を持ち続けません。よって、ニュースというのは新しいほど価値があり、記者たちは毎日、新しい事件・事故を追っています。

　最初の3時間でもたもたしていて発表が遅れると「隠ぺいだ」と言われ、最初の3日間でぐずぐずと常套句だけ並べてお茶を濁すようなことばかり発表していると、「無策」「無責任」「不正直」と烙印を押されてしまいます。つまり、「遅くなっても、きちんと調査して正式に決まってから説明しよう」という方針は、世間の評価・評判という面で適切ではありません。

⑨ 裁判で勝っても評判はよくならない？

　クラシックな考えの持ち主は、「マスコミやネットユーザーがどんなに騒いでも、最終的に裁判で勝てばいいのだ」と考えるかもしれません。しかし、裁判結果が出るまでには何か月も何年もかかります。せっかく、自分たちの言い分が認められて無罪になったとしても、その頃には記者も世間の人々も興味を失っていて、無罪を勝ち取ったことに気づいてくれない危険性があります。

　このような事例の代表として、S社製エレベータの事故があります。2006年6月、東京の某区営共同住宅でエレベータが急上昇し高校生が挟まれて亡くなるという事故が起きました。マスコミは、スイスに本社を置くエレベータメーカーの日本支社に殺到。しかし、同社はドアをしめ切って記者会見を行わず、コメントも何も出しませんでした。そのような状態が数日間続き、世間の人々は同社の対応を冷たい、怪しいと感じました。同社は裁判で事故の責任を問われ、事故以来、1件も新規受注がとれずにいました。2015年、同社は東京地裁で無罪が言い渡され、2016年には高裁で無罪が確定しました。理由は事故当時、メンテナンスに関わっていなかったからです。しかし、同社が無罪になったことについての報道は非常に地味なものでした。結局、評判もよくならず、同社は日本市場から撤退しました。

　同社の危機管理が悪い結果になった原因はなんだったのか。私は二つあると考えます。一つは、事故直後に報道対応をしなかったこと。もう一つは、事故が起きるまで日本では一般的に名前が知られていなかったということです。

　事故当時、何も言わないことで、「後ろめたいから説明できないのではないか」と思われました。また、事故前にはほとんど無名で

あったことから、事故と社名・ブランド名が人々の頭の中で結びついてしまい、「Ｓ社と言えば、あの事故」というイメージになってしまいました。

S社製エレベータ事故のてん末

- 2006年6月3日、東京都某区共同住宅12階のエレベータにおいて、男子高校生がエレベータの床部分とエレベータ入り口の天井に挟まれ死亡
  - 事故の起きたエレベータを製造した「Sホールディングス」はスイスに本拠を置き、世界2位の昇降機メーカ
  - 日本法人は「Sエレベータ株式会社」(以下、S社)
  - 事故の起きたマンションは当初S社が保守点検も担っていたが、区が指名競争入札を導入した結果2005年度からは毎年異なる非メーカ系の保守会社が請け負っていた
- 2015年9月29日、業務上過失致死罪に問われたS社の点検責任者らの判決公判が東京地裁で開かれ、S社は**無罪の言い渡し**
  - 2015年10月9日、東京地検は地裁の無罪判決を不服とし東京高裁に控訴
- 2016年10月3日、S社は日本でのサービス事業をライバル会社に譲渡。日本事業から完全に**撤退**
  - 2017年11月24日　遺族がS社、保守会社などに損害賠償を求めた訴訟は、東京地裁で和解成立
  - 2018年1月26日　東京高裁、一審判決を支持、控訴棄却。S社の無罪確定

---

⑩ 人々が問うのは法的責任だけではない

　もし人々が法的責任だけを問題にしているのなら、前出のＳ社は無罪になった時点で評判がよくなるはずです。しかし、そうならなかったのは、法的責任以上に人々が気にすることがあるからです。「倫理的にどうなのか」「道義的にどうなのか」ということのほうが、一般的には重視されます。Ｓ社製エレベータの事故とその後の裁判結果を見れば明らかです。あのとき、原因が何であれ、自分たちが作って設置したエレベータで高校生が亡くなったのです。Ｓ社は自分たちのせいかどうかは別にして、遺族や世間の人々の感情を

考慮しすぐにお悔やみを表明すべきでした。しかし、Ｓ社はそうしませんでした。だから、人々は不信感を抱いたのです。

裁判で勝っても、、、

- **人々が問うのは、法的責任だけではない**
  - 道義的責任
  - 倫理観
  - 人情

- **裁判に勝てば、名誉は回復できるのか**
  - マスコミの第一報で、イメージは固定
    - ネットで悪いウワサは拡散、継続
  - 判決が出る頃には、報道は激減
    - 無罪になっても誰も気づかない…
    - 無罪と知っても、一度ついた悪いイメージはなかなか消えない

11 初期対応が運命を分ける

もしクライシスに巻き込まれたら、最初の３時間、最初の３日間が勝負と覚悟してください。

ここで、「Ａ．最初の３時間」、そして「Ｂ．最初の３日間」にやるべきこと一覧にしたチェックリストの例をご紹介します。

すでに、広報やリスクマネジメントの仕事に携わっていて、それぞれのチェック項目の意味することがおわかりなら、すぐにこのリストが活用できます。もし、チェックリストを見て知らない言葉が並んでいるようなら、この本を最後までお読みになってから、チェックリストをお使いください。

A．最初の3時間 アクション チェックリスト

項目	チェック欄	注意点/補足
1. 事実関係の掌握		
①「皆が知りたい4つのこと」について確認		
1) 何が起きたのか（現状）		情報が入り乱れているときは、「異常事態発生」だけでもよい
2) なぜ起きたのか（原因）		複数の情報が錯そうしているときは「不明」「未確認」
3) 今、どうするのか（対応策、補償）		決まっていないのなら「未定」
4) 将来、どうすればよいのか（再発防止策）		同上
②上記について情報の更新		ポジション・ペーパーには発表直前の最新情報を反映する
2. 警察、消防、所轄官庁への連絡		急を要する場合は、上記「1.事実関係の掌握」と同時進行
①報告義務を果たす		
②支援を要請		自分たちだけで抱え込まない。必要なときは助けを求める
3. 緊急対策本部の設置		
①メンバー召集		
本部長選出		
内部メンバーリスト作成・召集		
外部サポーター＆専門家リスト作成・召集		
例：弁護士		自分たちの法的立場を確認
損害保険代理店		損害保険でカバーできる経費は何か、支援サービスはあるか確認
広報＆危機管理広報コンサルタント／代理店		対外的な発表について経験がない場合はサポートが必要
②緊急対策本部で被害状況を確認		
現在は安全なのか、まだ被害は増え続けているのか		情報が錯そうしているときは「不明」「未確認」「確認中」
被害件数は		
被害の種類や程度は		
二次的被害はあるのか		
③緊急対策本部メンバーでの情報共有		
ホワイトボード、PC、通信ネットワークの確認		停電等でデジタル機器が使えない場合はホワイトボードが有効
4. 内部関係者への連絡		
①全職員への告知		職員の協力を得るためには緊急事態であることを知ってもらう必要あり
②事態収拾のための協力要請		
③全職員へのサポート方針について表明		未定なら「未定」「検討中」とする
緊急対応と通常業務について優先順位を検討		部署や職員により違う
残業代の支払いについて		
残業食の手配について		
深夜の帰宅手段について		
帰宅できない場合の宿泊手段について		
④職員の負担軽減のための外注手配について職員と相談		特定の部署や個人に過度の負担がかからないよう配慮
例:発表後の問い合わせ対応のための電話オペレーターの手配		
5. 対外的な発表準備		
○公表方針について検討		実際の発表文書はポジション・ペーパー。作成着手前に方針を明確に
誰に対して、いつ、何を、どうやって発表するのか		事実関係のデータだけではなく「メッセージ」を明確に
6. 謝罪について検討		
○「する」のか「しない」のか		理論上、自分たちに落ち度がないときは謝罪しなくてもいい
謝罪する場合は、誰に対して何についてなのか明確化		申し訳ないと感じるのなら「誰に対して何について申し訳ないのか」を分析し、それを言葉で正確に表現する

B．最初の３日間 アクション チェックリスト

項目	チェック欄	注意点／補足
1. 対外的な発表		理想は事件・事故の発生あるいは発覚から数時間後、その日の
①対象の確認		うちに実施すること。もし、その日に行えない場合は、遅れた
警察、消防、所轄官庁		理由を説明できるようにしておく
直接の被害者		
マスコミ（報道関係者）		
ネット（ホームページ、公式SNS等）		
外部の関係者・関係団体		
その他（世間一般）		
②資料作成		
警察、消防、所轄官庁への提出書類		書類作成には弁護士の助けが必要な場合がある
マスコミ向けポジション・ペーパー		当該事象の時系列、皆が知りたい四つのことを簡潔に記入
お詫び文書（レター）		お詫びの文書はポジション・ペーパーとは別
想定問答集		回答が難しい場合は「わかりません」「お答えできません」
FAQ（ホームページや広報誌掲載用）		「コメントを差し控えます」でも可。ただし、理由を明確に
③対象別コミュニケーション方法と実行日の決定		
警察、消防、所轄官庁		
訪問し報告		
今後の対応方法についての相談		
外部から攻撃を受けた場合は警察に被害相談・被害届提出		
被害者 ⇒下記の「2.謝罪」参照		
マスコミ（報道関係者）　※下記のいずれかの方法を選択		記者会見には失言してしまうリスクもあることを忘れずに
記者会見		本番前にリハーサルを実施。平時にメディアトレーニングをしておく
記者クラブでポジション・ペーパーを配付		ポジション・ペーパーの書き方は本書参照
ポジション・ペーパーの送付（FAX、メール）		
ネット		
ホームページにポジション・ペーパーや謝罪文書を掲載		記者発表終了後に掲載
公式SNSにも掲載		同上
外部の関係者、関係団体　※下記のいずれかの方法を選択		
説明会開催		住民説明会、保護者説明会など
個別訪問		
電話、メール、文書の送付		
その他（世間一般）		
⇒上記の「マスコミ（報道関係者）」「ネット」対応でカバー		マスコミ報道やネット発表を通じて知ってもらう
2. 謝罪		被害者には、記者発表前に謝罪することが理想。それが無理な
①被害者　※文書か訪問かを選択。あるいは両方実施		場合は、記者発表の直後に実施。できるだけ早く実行すること
謝罪文書（レター）送付		
個別訪問		訪問するときは被害者の都合に配慮。迷惑にならぬよう注意
お詫びやお見舞いの花、菓子、商品券など		金品は必ずしも必要ではない。自分たちの立場や費用を見極め要検討
②被害者ではないその他ステークホルダー		
まずは必要かどうかを検討		
必要な場合は誰に対し何について謝罪するのかを明確化		
ホームページや公式SNS、広報誌に謝罪文書掲載		
3. 個別対応開始		
①問い合わせ対応窓口の設置（電話、メール）		通常業務に支障が出ないよう、期間限定の専用窓口を設置
被害者用		いつ、誰から、どのような問い合わせがあり、どう答えたか記録を残す
報道関係者用		想定問答集の範囲で対応。担当者の勝手な判断で答えない
世間一般用		職員だけで対応できないときは、外部の電話オペレーターに依頼
②クレーマーへの備え		
クレーマー対応基本方針の確認		悪質な場合は、毅然とした態度で応対してよい
担当チームの結成		特定職員に過度の負担がかからないよう複数の人員で交替で対応

第 3 章

発表文書と
想定問答集の作り方

① 立場を見極め方針を決める

　クライシスが起きたら、まず、自分たちの立場を見極めてくださ
い。事故や事件などクライシスに対して自分たちはどんな責任があ
るのか考えてみましょう。A.自分たちに非がある、B.自分たちに
非はない、C.わからない、どちらともいえない、の三つのいずれ
かになるだろうと思います。最終的にはBからAへ、CからBへと
変わるかもしれませんが、クライシス発生あるいは発覚時点で得ら
れる情報から、まず、A、B、Cのいずれか判断してください。そ
れにより、報道対応方針と重要ポイントが次のように変わってきま
す。

A．自分たちに非がある

①　被害者、関係者、世間一般に対しての謝罪が第一。

②　隠ぺいを疑われないよう早期情報公開に励む。

B．自分たちに非がない

①　油断大敵。自分たちのせいじゃないことは、説明しないと
　　記者や世間の人々にはわからないので、やはり情報公開が
　　必要。

②　「自分たちに落ち度がないこと」についてきちんと説明。

③　死傷者など被害者がいる場合は、お悔やみやお見舞いの言
　　葉を忘れずに発表。自分たちのせいじゃないからといっ
　　て、死傷者など被害者を無視してはいけない。

C．どちらともいえない、わからない

①　「原因不明」であることを発表。どちらともいえない、わ
　　からない状況であることは、記者や世間の人々に説明しな
　　いとわからない。

② 死傷者など被害者がいる場合は、お悔やみやお見舞いの言葉を忘れずに発表。薄情者に世間は冷たい。まだ原因がわからないからといって死傷者など被害者を無視してはいけない。

クライシス発生、自分たちの立場は？

A. 自分たちに**落ち度がある**
　　⇒早期情報公開と"謝罪"が大事

B. 自分たちに**落ち度はない**
　　⇒落ち度がないことを説明すべき
　　　　―"油断大敵"
　　　　―人々は説明を聞かないと納得しない

C. どちらともいえない、**わからない**
　　⇒現状説明（「不明です」）と"情"が大切
　　　　―"薄情者"に世間は冷たい

　ここで注意しなくてはいけないのは、お悔やみやお見舞いは「謝罪ではない」ことです。ときどき、「ご冥福をお祈りします、お見舞い申し上げますと言ってしまうと、自分たちのせいになるんじゃないか」と心配する人がいます。しかし、お悔やみやお見舞いを言ったからといって、クライシス発生の責任を負って謝罪していることにはなりません。むしろ、言わないほうが問題です。薄情者に対して、マスコミや世間の人々は非難します。特にSNSでは、「ひどいね」と騒がれます。第2章で見た2006年のS社製エレベータ事故のときのS社のことを思い出してください。日常生活を振り返ってみても、ご近所や同僚に不幸があれば、それほど親しい人でなく

てもお悔やみやお見舞いの言葉を口にするでしょう。もし「ふーん、そうなんだ」と無表情でいると変人扱いされるでしょう。

SNSの普及がもたらすリスク
もはや、情報公開だけでは足りない！

- 背景：クライシス・コミュニケーションの浸透、SNSの普及
  - SNSでは、感情の拡散速度が速い！

- **立場がどうであれ、人々の感情に配慮することが大切**
  - 例：亡くなった人へのご冥福
    遺族へのお悔やみ
    けが人、被害者へのお見舞い…   研究しよう！

- 怒りや悲しみ、反感、不安といった感情の醸成には**理由がある**！

---

② 発表資料の作成

　方針が決まったら、発表文書を作成します。発表文書は①ポジション・ペーパーと②お詫び文書の２種類です。ポジション・ペーパーとは自分たちのポジション（立場）を記した紙（ペーパー）という意味で、「客観的事実を時系列に示し、組織側の対応プロセスや主張を簡潔にまとめた文書」です。記者発表資料として使えますし、問い合わせに対し、ポジション・ペーパーを示すことで情報を統一し、整合性を保つことができます。

　①のポジション・ペーパーはすべてのクライシスに対して、また自分たちがどんな立場であろうと必要です。②のお詫び文書は、「A.自分たちに非がある」場合に作成します。以下にそれぞれの書き方について述べます。

① ポジション・ペーパーの書き方

ポジション・ペーパーに入れる大事な要素は、以下の8つのポイントです。

＜皆が知りたいこと＞

1．何が起きたか（現状）
2．なぜ起きたか（原因）
3．今、どうするのか（対応策や補償）
4．将来、どうすればよいのか（再発防止策）

＜発表文書としての必須要素＞

5．発表者名
6．日時（日にちだけではなく、時間も入れたほうがよい）
7．件名（何についてか）
8．問い合わせ先（発表文書を見た記者があとで質問ができるように）

＜情報量と体裁＞

文章量はA4用紙1枚にまとまる程度（1000字未満）がベストです。細かいデータや図などは添付資料として2枚目以降に付ければよいです。とにかく、本文は短めにまとめ、A4用紙1枚分を読めば、全体像がつかめるようにしてください。文章に凝る必要はまったくありません。端的に箇条書きでけっこうです。

注意点は、「ポジション・ペーパー」と「お詫び文書」を混同しないことです。ポジション・ペーパーは、本来、事実関係を正確に知らせるためのものです。理屈からいうと、お詫びの言葉を一言も入れなくてもよいのです。しかし、それでは落ち着かないという場合は、一言「このたびはたいへん申し訳ございません」程度でけっこうです。「お詫び」は別の文書に分けて丁寧に行ってください。

<作成・発表頻度>

　ポジション・ペーパーは一つの案件に対し、何度出してもけっこうです。まずは第一報をそのときわかる範囲で作成しましょう。第一報では、原因が不明でも対策が未定でもかまいません。「不明」「未定」も立派な情報です。その後、事態が進展し原因が判明したり、対策が決まったりしたら、そのたびに作成し発表しましょう。

ポジション・ペーパーとは

・客観的事実を時系列に示し、組織側の対応プロセスや
　主張を簡潔にまとめる

・問い合わせに対し、ポジション・ペーパーを示すこと
　で情報を統一し、整合性を保つことができる

<使い方>

　記者会見を開くときは、その際の報道資料（プレスリリース）としてプリントアウトを記者に配ります。記者会見を開かないときは、コピーを記者クラブに配付するか、報道各社にFAXやメールで送ります。記者会見の有無にかかわらず、記者に配付し終わったら、直後にホームページや公式SNSにも掲載してください。

ポジション・ペーパーの例

当市職員の死亡原因調査を開始

20XX年5月18日13時
〇〇市役所

20XX年5月11日、〇〇市男性職員が職場で倒れ、救急搬送された病院で死亡が確認されました。
亡くなった職員のご冥福をお祈りするとともに、ご遺族にお悔やみを申し上げます。

本件について本日午前、報道機関から問い合わせがありましたので、下記のとおり報告します。
なお、本発表については遺族の了解をとっております。

【現状】
・20XX年5月11日14時ごろ　〇〇市産業経済部産業振興課職員が市庁舎内の会議室で打ち合わせ中に意識を失い、直ちに救急搬送
・同職員はXXX感染症の影響を受けた民間企業の相談業務を担当する課長（40代男性）
・同日15時00分　〇〇市立病院にて死亡確認
・5月14日午後　告別式に〇〇市長、副市長、産業経済部長等職員計XX人が出席
・5月18日午前　報道機関から〇〇市広報広聴課に過労死の可能性について問い合わせが2件ありました。

【原因】
・搬送された病院の担当医師から「死亡原因は脳血管疾患である」と当市産業経済部長が遺族とともに説明を受けております。
・5月15日、遺族から過労死の可能性について指摘を受けましたが、それについては判明しておりません。

【対応】
・当該職員の勤務状況と死亡との因果関係について調査を開始します。詳細については未定です。
・調査方法や調査メンバーなど詳細については、遺族と話し合いを行った上で5月末までに決定することで遺族と合意しています。

【再発防止策】
・上記の調査結果を受けて検討する予定です。

本件についての問い合わせ先：〇〇市総務部広報広聴課　担当：XXX
電話：XX-XXX-XXXX メール：XXX@〇〇city.lg.jp

ポジション・ペーパー作成ポイント

- **・必要な要素**
  - ・発表者名
  - ・日時
  - ・件名
    - ①何が起きたか（現状）
    - ②なぜ起きたか（原因）
    - ③今、どうするのか（対応策、補償）
    - ④将来、どうすればよいのか（再発防止策）
  - ・問い合わせ先

- **・情報量**
  - Ａ４用紙１枚に収まる程度

---

②　お詫び文書の書き方

　クライシスについて、自分たちに責任があることがはっきりしているのなら、お詫びをしなくてはなりません。ポジション・ペーパーとは別に、別途、お詫びの文書を丁寧に作成してください。

　お詫びは、①誰に対して、②何について、③どのように申し訳ないのか、明確にしてください。ただ常套句を並べて「市長の私の不徳のいたすところで誠に申し訳ございません」や「皆様にご心配をおかけして申し訳ございません」などと簡単にすませてしまっては、問題の本質がわかっていないと世間の人々から思われます。自分たちの責任や落ち度については具体的に書き入れましょう。そうすることで、事態を真摯に受け止めていることが人々に伝わります。

　また、細かく何について誰に対してのお詫びかを表現することにより、すべて自分たちが悪いと、記者や市民から勘違いされて余計な責任を背負いこむようなリスクを避けられます。

　注意点は、言い訳がましくならないことです。特定の部下や職員

のせいにしたり、「やむを得なかった」と書いたりしてはいけません。「秘書がその使命感ゆえにやってしまった」というような表現はNGです。ところで、「遺憾です」はお詫びの言葉ではありません。「残念だと思っています」という意味で、反省や謝罪の気持ちは表現できていません。よって、「このたびのことは誠に遺憾です」ではお詫びには足りないので、その後にきちんと「○○に対し□□について、心からお詫び申し上げます。申し訳ございません」と加えてください。

お詫び文書の例

令和○年○月○日

市民の皆様へのお詫び

このたびは、XXXワクチン接種対応につきまして、公平性を欠く行為があり、○○市のワクチン接種に対する市民の皆様からの信用を著しく損ねてしまいました。本件について、心からお詫び申し上げます。誠に申し訳ございませんでした。

本日、緊急記者会見を開き、今回の詳細な経緯をご説明いたしました。内容につきましては、添付の報道発表資料のとおりでございます。今後につきましては、今回の原因を明らかにし、外部有識者の意見を取り入れ再発防止策を徹底し、○○市政の信頼回復に努めてまいります。具体的な再発防止策については、後日、市のホームページで発表いたします。

今後も市民の皆様と共に、XXX感染症の拡大防止に職員一丸となって取り組んでまいります。

○○市長 ○○○○

3 想定問答集の作成

　記者会見での質疑応答や、電話取材、住民からの問い合わせに備え、想定問答集を作成しましょう。これはポジション・ペーパー作成とほぼ同時の作業です。ポジション・ペーパーを作っていると、「こんなこと聞かれたらどうしよう」と想定質問がわいてきます。

　想定質問は、その組織の基本的な事からそのとき起こったクライシスの詳細までをカバーします。ポイントは、外部の視点に立つことです。「こんなこと当たり前じゃないか」ということを記者や住民は聞いてきます。「以前、別の記者会見でも説明したよね」と思う同じ内容をまた質問されます。こちらは何度も説明した気でいても、相手ははじめて疑問に思ったかもしれません。あるいは以前、聞いたことを忘れてしまったかもしれません。わざと前と同じ質問をして、答えが変わっていないか確かめているのかもしれません。いずれにせよ、同じ質問にも面倒がらずに回答してください。

　回答作成のポイントは、①短く簡潔に答えること、②イエス、ノーをはっきりさせること、③知らない、わからないはそのまま正直に伝えることです。

　想定問答集はすべて暗記しなくてはいけないわけではありません。記者会見のとき、手元資料として広げて見ても大丈夫です。カンニングペーパーのように、机の下に隠してコソコソ見ていると、かえって怪しく見えます。

4 「言ってはいけないことリスト」の作成

　想定問答集とは別に、「絶対に言ってはいけないことのリスト」を作っておいてください。いわゆるネガティブリスト※のようなものです。

> ※ネガティブリスト：原則として規制がない中で、例外として禁止するものを列挙したリスト。例えば、輸入は原則自由だが例外として特定のものだけの輸入を禁止しそれらをリスト化したもの。

　とにかく、余計なことは言ってはいけません。私は、ある全国紙の記者から「ウソをついてはだめだが、知っていることを全部言わなくちゃいけないわけではない」と言われたことがあります。官公庁や学校は、個人情報や機密情報をたくさん持っている組織です。部外者に漏らしてはいけない情報は、どんなにしつこく聞かれても話してはいけません。事故や事件を起こしてしまうと、申し訳ないという気持ちからつい弱気になって、強く聞かれると思わず口を滑らしてしまいそうなことがあります。しかも、記者は取材のプロなので、人から情報を引き出す技術を持っています。注意しましょう。

　想定問答集はすべて覚えていなくてもいいのですが、この「言ってはいけないことリスト」はしっかり暗記しておきましょう。

　もし、「言ってはいけないことリスト」に含まれることを聞かれたら、「申し訳ありませんが、それはお答えできません。○○という理由だからです」と断ってください。

想定問答集作成のポイントと具体例

○想定問答集の作成時期
　記者会見や地域住民、保護者などから聞かれそうな質問とその回答はどんなクライシスであっても、公表前に必ず作成してください。想定問答集作成作業はポジション・ペーパー作成と同時進行で行ってください。

○想定質問の洗い出しのポイント
　ポイントは外部の視点を持つことです。当事者は、「こんなことは当たり前でだれでも知っているだろう」「いやな質問はされたくない」など、さまざまな思惑から視野狭窄に陥りがちです。それで想定質問の洗い出しが甘くなって、スカスカの想定問答集になってしまうことがよくあります。そのせいで記者会見の質疑応答で、きわめてシンプルな質問でつまずくのです。想定質問は基本的なことをまず網羅してください。そして、クライシスの核心をつく鋭い質問も入れましょう。当事者にとっては耳の痛いことだからこそ、あらかじめ想定しておく必要があります。「こういうことを聞かれる可能性がありますよ」と、説明者に覚悟してもらうために、外部の視点でいじわるな質問もぜひ入れておいてください。

○回答作成時の注意点
　記者や世間の人々は、完璧な答えを期待しているわけではありません。回答からその組織の姿勢を読み取ろうとしています。つまり、「正直かどうか」を判断しようとしているのです。
　この点が当事者の心情と大いに違うところでしょう。当事者は、質疑応答で「自分たちの能力が問われる」と思い込んでいる節があります。それで、「きちんとできました」と言えないのならば、公表もしたくないし質問も受けたくないのでしょう。「わかりません。知りません。まだやっていません」と言って、「無能」だと思われたくないという気持ちが強いようです。この際、余計なプライドは捨てましょう。回答は「現在のところ不明です」「わかりません」「検討中で、まだ結論が出ていません」でもよいのです。それが事実であるのならば、「不明」も「未定」も「調査中」も「検討中」も、記者や世間の人々にとっては有益な情報です。それらを正直に言ってもらうほうがありがたいのです。当事者がかっこ悪いと思うことでも、正直に事実を伝えるほうが評価は高まります。
　また、まわりくどい回答もＮＧです。質問に対しては、まずはイ

エスかノーを明確にし、聞かれていることに短く答えること。これが基本です。質問されたことはまだやっていないけれども、ほかのことはできていますとでも言いたいのか、回答時に余計な話をしだす人は多いものです。このような態度は「結局、どうなの？」と質問者をいらつかせます。また、長々と話すと失言するリスクも高まります。さらに悪いことには、「なにかをごまかそうとしているのだろうか」と相手に疑われる危険性も出てきます。実際、ウソをつく人は多弁なのだそうです。先回りして言いつくろっておこうとするからです。そんな誤解を受けても困るので、回答は簡潔に、結論から先に言いましょう。背景等の詳細はそのあとにしてください。そして余計なことは一切言わないほうが安全です。

〇想定質問具体例と回答作成ポイント

　以下に記者会見等でよく出る質問と、回答作成のポイントを記します。

Q.　いつ問題を知ったのか？
回答ポイント：正直に答えてください。
　いろいろ気をまわして取りつくろうと、あとで発覚したときがたいへんです。どんなことでも、事実と違うことを言ったら「隠ぺいだ」「改ざんだ」と責められます。

Q.　問題発覚から発表までこんなに時間がかかったのはなぜか？
回答ポイント：発表まで時間を要した場合は、その理由を正直に述べてください。
　例としては、「調査に時間がかかった」「悪天候のせいで現場の状況が把握できなかった」「被害者が公表を望まず、説得に時間がかかった」などが考えられます。あるいは、組織内で公表することに反対する人がいて、そのせいで遅くなった場合もあるでしょう。結果的に足をひっぱることになった身内がいても、その人のせいにするわけにはいきません。個人に責任を押し付けることになるからです。よって、そういう場合は「職員間での確認に時間が必要でした」と客観的な事実だけを述べてください。

Q.　当該職員の氏名は？
回答ポイント：公表するかどうかは、あらかじめ、それぞれの組織の「職員氏名公表規定」を確認し、それに従ってください。
　自治体により、職員が問題を起こした場合の氏名公表規定は違い

ます。例えば、逮捕された時点で公表するところもあれば、有罪が確定するまでは伏せておくところもあります。それぞれの規定に従ってください。公表しないときは「当方の規定により、現時点では公表できません」と答えればけっこうです。避けるべきは、「ケースバイケース」になることです。傍から見て、同じような過去の事件のときは公表したのに、今回は公表しないとなると、「裏に何かあるのではないか」「職員をえこひいきしているのではないか」と疑われます。そういうことになってはまずいですし、職員への公平性を保つためにもルールに従ってください。もし、まだ規定がないのならば、この機会に公表基準・公表規定を定めましょう。

Q. 当該職員の家族は？　家庭生活は円満だったのか？
回答のポイント：今、問題になっていることと直接、関係がないのであれば答える必要はありません。「本件と直接、関係がないことなので回答を控えます」でOKです。
　　職員が事件を起こしたとしても、家族は別人格です。家族が差別されたりいじめられたりするような事態は避けましょう。

Q. いじめ（ハラスメント）はあったのか、なかったのか？
回答のポイント：調査結果が出ているのなら、そのとおりに回答してください。調査が終了していないのなら、「まだわかりません。現在、調査中です」でけっこうです。
　　調査結果により、いじめやハラスメントがあったのなら、それは正直に認めざるをえないでしょう。「残念ですが、たしかにありました」と言わなくてはなりません。あいまいに言葉を濁したり、なかったとウソを言ったりしてはいけません。「隠ぺい」を人々はもっとも嫌います。

Q. いじめ（ハラスメント）をしていたのはだれか？
回答ポイント：「氏名の公表は控えます」でけっこうです。
　　いじめやハラスメントをしていた生徒や職員の氏名を公表する必要はありません。公表すると、今度はその人たちが責められ、別の悲劇を生むかもしれません。

Q. なぜいじめ（ハラスメント）をしていた生徒（職員）の名前を言わないのか？
回答ポイント：「彼らも私たちの生徒（職員）だからです。今回のいじめ（ハラスメント）を防げなかったのは、個人間の問題では

なく、組織としての管理監督、指導がいたらなかったことによる ととらえています。よって、個人名は公表しません」が理想的な 回答です。

「かばうのか？」と聞かれても、同じ回答を繰り返していただけ ればけっこうです。

Q. 職員の処分は？

回答ポイント：決定していないならば、「まだ決まっておりません」 でOKです。すでに決定しており、規定で公表することになって いるのならそれに従ってください。

　憶測で「こんなことになったのだから、懲戒免職は免れないだろ う」などと言ってはいけません。もし、そうならなかった場合、あ とで「裏工作があったにちがいない」「やっぱり身内に甘い」など と悪いウワサが広がります。

Q. （自然災害直後に）これは天災か人災か？

回答ポイント：不明ならば「わかりません。今後の調査の結果を待 ちます」とだけ答えてください。明らかな人為的ミスがどこかに あっても、人災と決めつけてはいけません。

　世間は人災に対して厳しいのはおわかりのとおりです。人為的な ミスがあったとしても、それについては、故意かどうかはすぐには わかりません。法的な責任があるのかどうかも裁判結果を見なけれ ばわかりません。いずれにせよ、災害直後はわからないことが多い ので、決めつけるような言い方は避けましょう。

Q. 被害者への補償はいくら出すのか？

回答ポイント：「それは被害者と直接、話し合うことなのでこの場 での回答は控えます」と答えてください。

　お金に関することは何かと不満の種となります。また、補償を受 け取ることになる被害者が、他人に金額を知られたくないというこ ともあるので、記者会見の場で即答しないほうが安全です。また、 「保険に入っているから大丈夫」ということも言わないほうがよい でしょう。「だから私たちは平気なんですよね〜」と他人事のよう に軽くとらえているように聞こえます。

○答えられない質問への対応法

　どんなに注意深く想定質問を洗い出しても、思いがけない質問と いうのは出てくるものです。また、回答を用意していても記者会見

は非常に緊張するものですから、説明者の「頭が真っ白になる」ことはありえます。そんなときどうすればよいのでしょうか。私のおすすめは「無理をしないこと」です。

　なんとか思い出そうと宙を仰いだり、脂汗を流したり、どこかに書いていないか想定問答集をバタバタめくったりする様子は、はっきり言って「おもしろい映像」となります。テレビのニュース番組やネットの動画配信で繰り返し使われてしまいます。そんなことにならないように、答えられない質問が出たときの対応ルールを説明者と司会者で決めておくとよいでしょう。私が提唱するルールは以下のとおりです。

＜記者会見で質問に答えられないときの対処法＞

１．答えられない質問を受け取る説明者を決めておく
　「はい。今のご質問ですが」と最初に反応する人を決めておきます。
　もし、その人が緊張して忘れてしまったら、司会者がこの役を引き受けます。

２．セリフを決めておく
　「資料を持ち合わせていないので、この場では即答できません。後で調べて回答をお送りします」と、慌てずに言いましょう。

３．司会が次の質問を促す
　「では、次の方どうぞ」と司会者はさっと次の質問者を指してください。そうすれば、答えられなかったやっかいな質問から離れられます。

４．会見後、調べたり検討したりした結果を回答として出席記者全員に送る
　「記者会見での質問への回答」として、「○○についてのご質問に対し、以下のとおりお答えします」と回答を書き物にして、ＦＡＸやメールで出席した記者全員に送ったり、記者クラブで配付したりします。そのときの回答は「調べた結果、不明でした」でも「現在、検討中でまだ公表する時期ではありません」でも、それが事実ならば大丈夫です。

　このようにスムーズな流れのなかで対処すると、答えられなかったことが失態とは認識されず、この場面がニュースでわざわざ取り上げられることもありません。説明者と司会者のチームワークで乗り切ってください。

ネガティブリストの例

20XX 年X月X日

職員各位

　　当校食堂における集団食中毒発生についての説明時の注意事項

下記の３点については、風評被害防止と個人のプライバシー保護の観点から公表しない方針です。

１．　傷病者の氏名
　　　公表しません。
　　　もし、聞かれたら「生徒、職員のプライバシーを保護するため公表しない方針です」と回答願います。

２．　被害を受けた生徒へのお見舞い金等補償
　　　現時点で未定です。また、決まっても公表はしない予定です。
　　　もし、聞かれたら「補償については、まだ検討中で未定です」と回答願います。

３．　傷病者の入院先
　　　公表しません。
　　　もし、聞かれても「傷病者本人ならびに家族や他の患者の皆さんのご迷惑となるおそれがあるので、病院名の公表は控えます」とお断りください。

上期３点についての情報の扱いは、くれぐれもご注意ください。

〇〇校校長〇〇〇〇

 5　FAQ の作成とホームページ掲載

　FAQとは「Frequently Asked Questions（フリークエントリー　アスクド クエッションズ）」の略で、「ひんぱんに尋ねられる質問」という意味です。FAQは一般からの問い合わせを想定してください。きっとたくさんの人から聞かれるであろう質問と答えを、先に

作った想定問答集から選び出し、記者発表後にポジション・ペーパーやお詫び文書とともにホームページに掲載しましょう。そうすれば窓口や電話対応の負荷が減らせます。

FAQの例

<異物混入の例>
Q．異物混入のために自主回収対象となったワクチンを打ってしまいました。大丈夫でしょうか。
A．ワクチンについては、使用前に目視で異物がないことを確認しており、異物が確認されたものは接種しません。今回、発見された粒子状物質は、316ステンレススチールの破片でした。316ステンレスは心臓のペースメーカーや人工関節などの医療機器にも使用されており、仮に体内に入ったとしても、健康に影響する可能性は低いとされています。また、このステンレスが仮にワクチン薬液内に混入したとしても、溶け出す等の恐れは少なく、ワクチン自体の有効性・安全性への影響はありません。

<個人情報漏えいの例>
Q．個人情報が漏えいしたことにより、どのような影響があるのでしょうか。
A．個人情報を提供したことがない事業者からセールスのダイレクトメールや電話が来ているという連絡をいただいております。このような不審な勧誘や電話を受けた場合は、下記へご連絡ください。

【〇〇市役所　個人情報に関する相談窓口（フリーダイヤル）】
0120-XXXXX　受付時間：9:00-21:00（土日・祝日も受付）

第4章

記者発表の仕方

第3章でみた事件・事故、災害等のクライシスについてのポジション・ペーパーを作ったら、それをどのようにして発表するのかを選択します。記者発表には次の5つの方法があります。

① 記者クラブへのポジション・ペーパーの持ち込み

　記者クラブの幹事と受付に連絡し、ポジション・ペーパーのコピーを報道発表資料（プレスリリース）として配る。配り終わったところで、個別に質問されることもある。記者クラブに詰めている記者を集めて、説明（レクチャー）を行うことを求められる場合もある。

② 記者クラブで記者会見を実施、ポジション・ペーパーをその場で記者に配付

　記者クラブの幹事に相談し、記者を集めてもらい、記者クラブの所属記者に対して記者会見を行う。ポジション・ペーパーはそのときの配付資料にする。

③ 記者クラブの外（例えば、庁舎の会議室）で記者会見を実施、ポジション・ペーパーをその場で記者に配付

　普段付き合いのある記者クラブがない場合や大きな事件・事故等で世間からの注目度が高く、記者クラブ所属記者以外からも要望があるときは、大きな会議室で記者会見を実施。ポジション・ペーパーを手元資料として配付。

④ 単独インタビューを実施、特定メディアの記者に声をかけ一人の記者にだけポジション・ペーパーを渡し、説明

　日頃から付き合いのある特定メディアの記者一人にだけ、説明する

⑤ 会見やインタビューは行わず、ホームページや公式SNSにポジション・ペーパーを掲載

　記者には直接、配付せず、ネットにポジション・ペーパーをアップする。

それぞれにメリットとデメリットがあります。手間も大きく違います。どれを選ぶかは、事の重大さ、予想される世間の注目度、タイミング、説明する側の力量、準備の進み具合等、さまざまな要因を考慮して決めなくてはなりません。事が起きてからだと、冷静に判断できないかもしれないので、あらかじめ「この場合はこの方法」と原則的なルールを決めておくほうが安全です。いよいよその時が来たら、その時点でフレキシブルに多少の変更を行うということにしておくとよいでしょう。

　では、それぞれの方法と、メリットとデメリットを詳しく紹介します。

① 記者クラブへのポジション・ペーパーの持ち込み

　これは、記者クラブの幹事や受付に「プレスリリース（報道資料）を配付したい」と連絡し、ポジション・ペーパーのコピーを記者の人数分、持っていき配るというシンプルな方法です。

　メリットは、記者会見と違いリハーサルや会場設定が必要なく、質疑応答のように大勢の記者が見ている前で正確に説明するときのような緊張感もないということです。

　デメリットは、記者クラブにいる記者、一人ひとりに呼び止められその場でいろいろ質問されるということです。普通、記者クラブにプレスリリースを持っていく担当者は、クライシスが関連している部署の責任者ではないので質問に答える権限がありません。そもそも詳細を知らないかもしれません。それで、記者に呼び止められた時点で、しどろもどろになってしまったり、深く考えずに適当な返答をしてしまって後で大事になったりするリスクがあります。詳しく聞かれなくても、「こんなたいへんなことが起きているのに、

記者会見を開かないの?」と問われるかもしれません。

　対策としては、ポジション・ペーパーの内容を記者に説明できる
だけの知識と権限を持った人が付いて行って、その場で説明したり
質問に答えたりする（レクチャーする）態勢を整えていくとよいで
しょう。

② 記者クラブで記者会見

　もし、庁内に記者クラブがあり、ふだんから記者クラブで会見す
ることに慣れているのなら、記者クラブの幹事に相談して記者会見
を開きます。幹事は記者を集めたり、場を設定したり世話をしてく
れるでしょう。また、記者会見のときの司会も幹事がやってくれる
こともあります。幹事が司会をしてくれないときは、自分たちの中
から司会を立てなくてはなりません。そのときのために、流れと司
会者のセリフを次に示します。

不祥事記者会見の流れと司会者のセリフ

①出席者と司会者入場　※司会者は最後
②開会宣言
　・司会者「ただ今から〇〇に関する記者発表会（記者会見）を始めます。終了予定は〇時〇分です。」
③出席者の紹介
　・司会者「中央（右、左）から〇〇、〇〇、〇〇・・・」「私は司会の〇〇です。」
　※紹介の順番は役職の上の人から、「肩書⇒氏名（フルネーム）」の順に紹介すること
④出席者代表（最も役職の高い人）による挨拶
　・お詫びをする場合はこのタイミングで行う
⑤出席者による説明
　・司会者「では〇〇より今回の件についてご説明申し上げます。」
　・ポジションペーパーに沿って説明
⑥質疑応答
　・司会者「記者の皆さんからご質問をお受けします。質問のある方は手を挙げてください。」
　・「そちらの方、どうぞ。」「次の方、どうぞ。」
⑦閉会宣言
　・司会者「予定の時間がまいりましたので、これにて終了いたします。」
⑧出席者代表による最後の挨拶
　・例「この度は大変申し訳ありませんでした。」
⑨会見後の問い合わせ先の案内
　・「これ以降のご質問は、お手元の資料に記載されている〇〇までお願い申し上げます。」
・出席者と司会者退場　※司会者は最後

記者会見の流れは、以下のとおりです。

① 出席者と司会者が入場

② 司会者が開会宣言

③ 出席者を紹介

④ 出席者の代表（最も役職の高い人）が概要を説明し、挨拶
（必要ならばここでお詫び）
この時まで立ったままでいてください。挨拶が終わるまで座わってはいけません。

⑤ 出席者がポジション・ペーパーに沿って説明
直前にポジション・ペーパーを記者にも配付。この時に「着座にて失礼します」と一言入れて、座ってください。
ただし、司会は座ってはいけません。司会は立ったままで、会場全体に注意を払ってください。会場の後ろから不審者が入ってこないか、記者たちがちゃんと聞いているか、説明者が緊張しすぎていないか、よく見ておいてください。いざというとき、司会者が会場を仕切らないといけません。

⑥ 質疑応答
司会が「質問のある方はどうぞ、お手をお挙げください」と促し、司会が指名した記者から質問を聞く。説明者の中で答えられる人が答える。答え終わったら、司会者が「次の方どうぞ」と質問を促す。

⑦ 司会者が閉会宣言

⑧ 出席者全員起立し、代表が最後の挨拶

⑨ 会見後の問い合わせ先の案内
司会者が、「これ以降のご質問は○○までお願いします」と記者に案内
そして、全員退場します。この時、司会者は最後に出ます。理由は記者が出席者を追いかけてきたときに止めに入らなく

てはならないからです。

　幹事が司会をしてくれる場合は、上記の流れにこだわらず幹事の仕切りにまかせてください。

　記者会見の長さについては、説明者が疲れて失言してしまうリスクを避けるために、1時間以内としたほうがよいと私は考えています。しかし、記者クラブで行う以上、幹事の指示に従ってください。

　記者クラブでの記者会見のメリットは、幹事の協力が見込めることと主要メディアにあまねく集まってもらって説明できるという点です。

　デメリットは、記者クラブに所属していないメディアは記者クラブでの会見に参加できないので、参加できなかったメディアから不満が噴出したり、会見後に問い合わせが殺到したりすることです。

記者会見での謝罪

- 対象は誰か
  - 報道陣の向こうの読者・視聴者
    - 目の前の記者、カメラクルーではない
- 裁判になったときに不利になるか
  - 会見で謝罪しても法的にすべての責任を認めたことにはならない
- 最近は海外でも謝罪に注目
  - 「エボラ出血熱で患者が死亡、看護師が二次感染した事件でテキサス州保健局トップが謝罪」
    - 2014年10月16日、病院を運営しテキサス州の保健部門を統括するダニエル・バルガ医師が米連邦議会下院公聴会で謝罪
- 日本の傾向
  - 頭を下げている時間がどんどん長くなる
    - 「〇〇秒下げていた」と報道されるようになったことが影響

③ 記者クラブ "外" での記者会見

　もともと記者クラブとつきあいがなければ、自分たちで記者会見を開きます。広めの会議室に発表者側の出席者（説明者）席と記者席を設け、以下とおり準備します。

- ・説明者用のマイク2本程度
- ・司会者専用マイク1本
- ・質問者用のマイク3本程度と記者にマイクを持っていく係
- ・説明時に使うPC、プロジェクター、スクリーン、ホワイトボードとその係
- ・記録用のビデオカメラやボイスレコーダーとその係
- ・受付とその係　数名（記者から名刺を受け取る）
- ・案内係兼警備係　数名（記者を席に案内する。記者以外の人が来たら、会場に入れないようにする）
- ・会見場であることを示す看板
- ・説明者の役職と名前を示す卓上名札

会場の設定例をここに示します。

記者会見会場の設定例

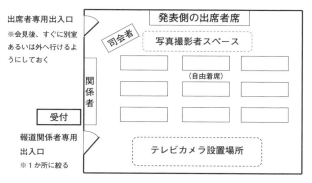

会場や物品の手配ができたら、記者たちに会見開催を告知するため案内状を作成しましょう。

　案内状を作成したら、ホームページにアップする、あるいはFAXやメール等で主要メディアに送って記者に告知します。もし、すでに事件・事故のことを記者たちが知っていて、現場に集まっているのでしたら、その場に張り紙をするという方法もあります。案内状の文例をここに示します。

緊急記者会見の案内状の例

報道関係者各位

20XX年X月X日
〇〇学園

緊急記者会見のご案内

本日午前8時ごろ、本校のスクールバスと大型トラックが衝突する事故が発生し、多数の本校生徒が救急搬送されました。つきましては、下記のとおり緊急記者会見を開催します。

日時：20XX年X月X日　午後2時00分～午後3時00分
　　　　　　　（受付開始午後1時）
場所：〇〇学園3階大会議室
出席予定者：〇〇学園校長　△△△　△△ほか

本件についてのお問い合わせ先：　〇〇学園広報課　担当：□□
　　　　　　　　　　　　　　　　電話：XX-XXX-XXXX
　　　　　　　　　　　　　　　　メール：□□@〇〇.ac.jp

・文章に凝る必要はない
・件名、日時、場所を明確にすること
・問い合わせ先も忘れずに

記者会見の開催告知は開始時刻の2時間前までに済ませます。どんなに遅れても1時間前には終えましょう。開始時刻直前に告知すると、間に合わない記者も出てくるのでクレームが出ますし、「わざと記者が行けないように小細工した」と批判される危険性があります。

　記者会見の要領は「②記者クラブでの記者会見」と同じです。ただ、記者クラブのような世話役の幹事はいないので、自分たちで会場を仕切らなくてはなりません。

　記者クラブ外での記者会見のメリットは、主要メディアだけではなく、雑誌や外国メディア、専門誌などから広く記者に参加してもらえるという点があります。デメリットは、何から何まですべて自分たちで用意しなくてはならないので非常に手間がかかるということです。また、予想していなかったメディアからも記者がやってくることもあります。そのような記者を受付で「入れる、入れない」でもめると、そのことが新たなスキャンダルとして報道される危険性があります。結局、想定していなかった記者も会場に入れることになり、思いがけない視点から質問されるということも出てきます。

　ときには、記者ではない人がやってくることがあります。そのような場合は、受付で入場を断ってください。「ここは記者会見場なので、報道関係者ではない方にはご遠慮いただいております」とはっきり伝えてください。2018年には某パワハラ案件の記者会見場に一般の人が入り込み、大声を上げて会場内が混乱したことがありました。乱入した女性は「入口でだれにもとがめられなかった」と記者に話していました。そんなことが起こらないよう、記者クラブの外で記者会見を行うときは警備も自分たちで行う必要があります。

記者会見における説明者の振る舞いの留意点
（イラストは悪い例）

会場の出入口の前で内輪の話をしない
ドアが閉まっていても、会場内外に聞こえる可能性あり

説明者が複数の場合、服装・姿勢は統一
笑顔は見せない

お詫びをする際の低頭の長さ、深さを統一
説明補助者や司会者も低頭

発表文（ポジション・ペーパー）の読み上げ時はできる限り、顔を正面に向け記者のほうを見る
聞き取りやすいようマイクの持ち位置にも注意！
一語一語を明瞭に！

質問を受ける際はできる限り、質問する記者のほうを向く
聞く姿勢も見られている！

足元にも注意！
話す内容だけでなくしぐさも含めてカメラが狙っている！

ネガティブな言葉の使用やオウム返しは避け※できる限り、ポジティブな表現で！
質問が聞き取れなかったら聞き直す。あてずっぽうで答えない

※当該箇所だけ切り取られるおそれあり

退出し終えるまで気を抜かない！
記者から見られていることを忘れずに

④ 単独インタビュー

　これについては、私はあまりおすすめしませんが、特定メディアの記者一人にだけポジション・ペーパーを渡し、説明するという方法もあります。なぜおすすめしないかというと、単独取材にしてしまうと、他のメディアからクレームが来るからです。また、取材したメディアは「本紙（本番組）単独取材！」としてスクープ扱いで大々的に報道し、かえって世間の耳目を集めてしまうということになる危険性があります。

　2020年6月、不貞行為を報じられた男性有名タレントが、釈明のため某週刊誌とだけ単独インタビューを行いました。当然ながら、その週刊誌の独占スクープとして扱われ悪目立ちしただけではなく、なぜ謝罪記者会見を行わなかったのかと他のメディアから批判されました。

　単独インタビューのメリットは、記者会見のような緊張感がないということです。デメリットは、上記に述べたとおりです。

⑤ ホームページ、公式SNSでの掲載

　前出の **1** 記者クラブへのポジション・ペーパーの持ち込み、**2** 記者クラブでの記者会見、**3** 記者クラブ外での記者会見、**4** 単独インタビューのいずれかを行う場合は、その後にホームページや公式SNSにポジション・ペーパーを掲載してください。

　また、記者会見や単独インタビューをまったく行わず、ネットでの公表だけというやり方もあります。よって、どんな場合も、ネットでは公表が必要だということになります。

ネットだけで公表するのはどういうときかというと、「クライシスの内容が深刻ではなく、影響も小さい場合」です。しかし、その判断には細心の注意を払ってください。この判断を誤ると、記者や住民から「こっそりネットにだけアップして、それで公表したつもりか！　なぜ、記者会見を開かないのだ？」と非難されるリスクがあります。

　この方法のメリットは、記者だけではなく広く一般市民にも直接、情報を提供できることです。また、発表する側としては記者と直接、対面することがないので気持ちの上では楽ということが挙げられます。デメリットは、上記のとおり、この方法だけにするかどうかの判断が難しいという点です。

　念のため、繰り返しますが記者会見や個別インタビューを行う場合は、そのあとでホームページや公式SNSにアップするようにしてください。

第 **5** 章

記者発表後の対応

1 事後の問い合わせは多い

　クライシスが発覚して、第4章でみた方法で1回目の記者発表を
した後、記者から電話で問い合わせが入ってくる可能性は高いで
す。「もうすぐ締め切りだから、すぐに答えてください」と電話で
聞いてくることはしょっちゅうです。「さっきの記者会見の場で聞
いてくれればいいのに」と思うかもしれませんが、記者には記者の
事情があります。原稿を書き出してから質問を思いついたり、上司
にもっと深掘りするよう指示されたりし、後になってからいろいろ
と聞きたいことが出てくるものなのです。そんなときの注意点を記
します。

2 窓口は1か所に

　記者からの電話対応窓口は1か所に絞ってください。多くは広報
室や広報・広聴課、あるいは報道グループになると思われますが、
ほかの部署にそのことをまず知らせておいてください。他部署で担
当ではない職員が勝手に知っていることをしゃべってはまずいから
です。

3 回答の範囲

　基本的にはあらかじめ作っておいた想定問答集の範囲で答えてく
ださい。想定問答集にないことは、「わかりません」「お答えできま
せん」と言ってかまいません。ただ、素っ気なく断ると記者も気分

が悪いでしょうから、「申し訳ございませんが……」とクッション言葉※を入れるとよいでしょう。

　※クッション言葉：その言葉を入れることで、会話や文章にクッションのようなやわらかなイメージを与えるもの。「恐れ入りますが」「お手数ですが」「お差し支えなければ」など。

④ 注意点

　余計なことは絶対言わないでください。こちらが雑談のつもりで軽い気持ちで話したことが、翌日の朝刊にでかでかと掲載され、「え、どうして⁉」とあわてることになりかねません。

　真面目な人ほど「知っているのに、教えてあげないのは申し訳ないな」とつい親切心から記者になんでも話してしまうことがあります。そんな気持ちにさせるところが、記者の取材テクニックのすごいところともいえます。相手は記者です。道に迷っている人に目的地への行き方を聞かれたわけではありません。親切心から、あるいは油断して余計なことを記者に話してはいけません。記者に話したことはすべて報道される可能性があります。くれぐれもその点については忘れないでください。

⑤ 発表後のモニタリング

　記者発表後はどのように報道されたのか、チェックをしてください。新聞やテレビはもちろん、ネットも検索し、自分たちが伝えようとしたことがきちんと伝わっているか、どんな論調か、誤報はないか、じっくり調べてください。誤報があれば、そのメディアや記

者に自分たちの発表と違う報道をされていることを伝えてください。場合によってはもう一度、記者への説明機会を設けなくてはならないかもしれません。また、記者や有識者、世間の人の批判的コメントがあれば、謙虚に受け止め、今後の対応の参考にしてください。

　もし、批判めいたコメントがいっさいなく、自分たちの発表した事実関係のみの報道ならば、クライシス・コミュニケーションとしては最良の結果といえます。

第6章

不祥事発生時の
記者対応の勘所

1 ポジション・ペーパー

　ポジション・ペーパーは簡潔であることが重要です。

　Ａ４用紙１枚程度の情報量がベストと言われています。そこに皆が知りたい４つのポイント（①現状、②原因、③対応策・補償、④再発防止策）を入れ込むわけですから、文章は箇条書きでよいです（第３章**2**参照）。

　お詫びの言葉を入れる場合もシンプルにしてください。そもそもポジション・ペーパーは「謝罪文」ではありません。事実関係や自分たちの立場を説明するためのものです。丁寧に謝罪を表明する必要があると思われる場合は、ポジション・ペーパーとは別に「お詫び文書」を作り、被害者に送ったり、ホームページで公表したりしてください。

2 記者会見場の準備

　記者クラブで会見するときは、幹事の指示に従って準備してください。

　記者クラブではなく、自分たちで会場を準備するときは、１時間前にはセッティングが完成しているのが理想です。説明者は会場でリハーサルが必要ですし、テレビ局の撮影クルーは会見が始まるまでにカメラをセットしなくてはならないので１時間前にやってくることがあります。撮影クルーのために、電気のコンセントの位置も確認しておきましょう。

　もし、リハーサルの最中に記者や撮影クルーがやってきてしまったら、会場に入れてはいけません。出入口のドアを閉めて、会場の

外で待ってもらってください。リハーサルは報道陣に見られないようにしてください。撮影クルーがどうしても、会見場に入って準備をしたいと言ってきたら、リハーサルは別の場所で行ってください。

③ 記者会見開始前

　会場の報道関係者専用出入口の外に受付机を置き、受付係2名以上と記者席への案内係2名以上を用意しましょう。早めにやってくる撮影クルーや記者もいるので、1時間前から受付には係の人に立っていてもらいましょう。

④ 受付の役割

　受付では来場者から名刺を受け取ります。めったにありませんが、ときどき名刺を忘れてきたという記者がいます。そのときは記帳本に名前、メディア名あるいは会社名、電話番号、メールアドレスかFAX番号を記入してもらいましょう。

　ここで悩ましいのは、名刺を持っていない人がほんとうに記者かどうかはわからないということです。しかし、受付でもめると見苦しいので、本人が記者だというのなら中に入れるしかありません。しかし、怪しい動きをしないか、常に注意を払っておいてください。

　ときどき、記者以外の一般の人がやってくることがあります。その場合は、「こちらは記者会見なので記者の方限定です」とお断りしてください。

万一、会場内で大声を出すなど会見の妨害行為をする人がいた場合は、放置しておいてはいけません。警備係に連絡し「ほかの記者の皆さんのご迷惑になりますから」と速やかに出て行ってもらいましょう。

⑤　会場の温度

　見逃しがちなのは会場の空調です。記者会見場は涼しいほうがいいです。

　謝罪会見の場合、会場の雰囲気はヒートアップしがちです。真冬でも暑さを感じるぐらいです。スタッフは常に空調に注意し、なるべく温度を下げるように調整してください。

　暑くて説明者が汗をかいたりハンカチで顔を拭いたりするとその瞬間の写真や映像が報道され、「記者から鋭い質問をされてあせっている」ような印象を人々に与えてしまいます。また、暑苦しいと記者もいら立ってくるので、自然と質問もとげとげしくなるおそれがあります。細かいことですが、環境の快・不快は、会見の流れを左右する重要なファクターです。

⑥　大きな時計の設置

　説明者や司会者が腕時計を見なくても時間が把握できるように工夫してください。一つの方法として、説明者席からよく見える壁に大きな掛け時計を設置することをおすすめします。会見の途中で自分の腕時計をちらちら見る行為はNGです。「早く終わらせてこの場から逃げたいと思っている」という印象を記者たちに与えてしまい

ます。

7 不祥事会見の時の服装

　不祥事についての会見では、「突っ込みどころがない」外見がベストです。報道で写真や動画を見た人から「何あれ？　なんであんな派手なネクタイしているの」「お化粧、濃いよね」「だらしないね」などと言われないように気をつけてください。謝罪会見ならなおさらです。

　具体的には、男性ならダークスーツに白いワイシャツ、地味なネクタイ、黒の革靴がベストです。髪型は短めの七三分けなど目立たない形がよいです。女性も濃紺やチャコールグレーのスーツに白いブラウスもしくは濃紺のワンピースで、お化粧は控え目にし、肌色のストッキングに黒の革靴がよいでしょう。

　気をつけたいのは「黒づくしにしないこと」です。目立たないようにしようとして黒で統一するとかえってドレッシーに着飾っているように見えてしまいます。また、喪服については、葬儀会場で行う記者会見でないかぎり避けたほうが無難だと私は考えます。「お通夜に喪服は避けたほうがよい」という考え方と同じです。きちんと喪服を着て記者会見に出てくると「死亡者が出ることをあらかじめ予測し、喪服を用意していた」ような印象を与えかねません。

不祥事会見での服装のポイント

・清潔感があり、悪目立ちしないことが重要

・ダークスーツに白いワイシャツやブラウス、黒の革靴が無難

・おしゃれはマイナス要因

・ネクタイの柄や色は極力地味に

・ハイヒール、奇抜なメガネ、一目でわかる高級腕時計、アクセサリーはNG（ただし、結婚指輪はOK。それ以外はNG）

　メガネは無難な形のものにしましょう。一目でわかるブランド物や奇抜なデザイン、派手な色のものは避けましょう。また、老眼鏡や度の合ってないメガネをしている人は、遠いところと近いところを交互に見るときに、メガネがずり落ちておかしな位置になることがあるので要注意です。以前、メディアトレーニングで模擬記者会見をしたとき、受講者の某企業の男性役員は、遠くの記者席を見るとき鼻の真ん中までメガネをずらすクセがありました。失礼ながらその様子はこっけいで、とてもまじめに説明しているように見えませんでした。模擬記者会見の様子を撮ったビデオを再生したとき、男性は自分のおかしな姿にはじめ

ずり落ちたメガネはこっけいな印象を他人に与える

て気づきました。それまでずっとコメディアンのようなしぐさで他人と対面していたことを反省し、その後すぐ遠近両用メガネをあつらえたそうです。

　気を付けたいのはアクセサリー、腕時計、名札のストラップです。基本的にはつけないほうが無難です。アクセサリーは、結婚指輪以外はつけないでください。おしゃれや高級品はなにかと批判されます。また、腕時計をしていると、会見中ついつい見てしまいます。こういったことを避けるために腕時計は外しておいたほうがいいでしょう（時間は会場設置の掛時計で確認。本章6参照）。職員証などのネックストラップも目立つので要注意です。派手だったり、人それぞれにかけ方がちがったり、たるんでいてだらしなく見えたりします。

　もし制服があるのなら決められたとおりに着てください。着くずしてはいけません。

　着方がだらしないと、「こんなふうだから事故が起きたんだ」などと思われてしまいます。

　自治体名・学校名やキャッチフレーズが入った派手なTシャツやウインドブレーカーなどはもってのほかです。不祥事会見の場で目立つ必要はありません。

⑧ 記者会見場への入退場

　説明者と司会者は、開始時間ジャストに入場してください。遅れてはいけません。また、2分以上早く入場するのもだめです。早く会場に入ってしまうと、記者会見の前に質問攻めにあってしまいます。

　説明者の入場の順番は、特に決まっているわけではありません

が、席に並ぶときにもたもたすると見苦しいので、席順に入ってくるのがよいでしょう。

　席順もルールがあるわけではありませんが、テレビの撮影クルーは、最初に挨拶をする役職の一番上の人が真ん中にいることを望むそうなので、考慮してください。

　会見が終わったら、説明者はすみやかに退出しましょう。会見後、記者に取り囲まれると対応がたいへんです。

　司会者は、最後に入ってきて最後に出てください。

　また、説明者、司会者とも入退場の際は、軽く会釈してください。

⑨　謝罪時の頭の下げ方と秒数

　謝罪するときは、正面を向いて「このたびはたいへん申し訳ございません」とはっきり言ってから、"気をつけ"をして姿勢を正し、ゆっくりと頭を70度前後まで下げ、しばらくじっとしていてください。頭を下げている時間は、ここ数年は10〜20秒が適切なようです。"ようです"と述べたのは時代によって傾向が変わってくるからです。2000年代は「最低5秒以上」が適切と言われていました。写真撮影のためには物理的にそれだけの時間が必要だからというのが理由でした。しかし、2010年代後半から、「〇秒頭を下げていた」と秒数が報道されるようになってきました。そうなると、「短いよりも長いほうがいいのではないか」という傾向になり、今は丁寧な頭の下げ方は10〜20秒とみなされています。

　この先、さらに長くなるのかどうかはわかりません。今のところ30秒だと、案件の内容によっては「芝居がかっている」とテレビの情報番組などで揶揄されることもあります。これは世間の人々の感覚なので、時とともに変わる可能性があります。日頃から謝罪会見

の報道をよく観察しておいてください。

⑩ 質問への回答の仕方

　質疑応答での回答は簡潔が一番です。結論を先に述べ、イエス・ノーは明確に、わからない・知らないも正直に、余計なことは言わないというのが原則です。

　これは不祥事会見ならではの回答の仕方です。通常の会話やクレーム対応とも、報告書の文章表現ともまったく違います。

　なぜ、こうしなくてはならないのかというと相手が記者だからです。記者は前置きが長い、まだるっこしい回答を嫌います。報道というのは、新聞でもテレビでも短く要点がまとまっていますよね。記者はポイントを押さえたわかりやすい原稿を書くのが仕事です。冗長な説明は、どこがポイントなのか、結局どうなったのかがわかりにくいです。もし、記者が勘違いしてしまうと誤報されてしまいます。そうならないよう記者に確実に理解してもらうためには、簡潔に答えることが必要なのです。

　また、長々としゃべっているとうっかり失言する危険性も増します。聞かれてもいないのに、余計なことをしゃべって墓穴を掘ることにもなりかねません。

　また、言葉数が多いと「なにかをごまかそうとしているのではないか」と疑われます。

⑪ 野次への対処

　野次には反応しないでください。記者会見の秩序を守るために、

司会者が指名した記者の質問にだけ答えるようにしてください。

　司会者は、「ご質問は順番にお聞きします。しばらくお待ちください」と、野次を飛ばす記者をやんわり、けん制してください。

⑫ 挑発的な記者との接し方

　挑発に乗ってはいけません。挑発に乗って、記者と議論するようなことになるとたいへんです。テレビでは記者の様子はカットされ、説明者が感情的に反論している場面だけが切り取られて報道されることになりかねません。

　2008年9月1日の福田康夫首相（当時）が辞任を表明した記者会見で「私は自分自身を客観的に見ることができるんです。あなたとは違うんです」と記者に向かって言い放ったことが面白おかしくメディアに取り上げられときのことを思い出してみてください。（知

マスコミ対応　べからず集

×余計なことをしゃべる
×「これはオフレコだから」
×「ノーコメント」と記者を突っぱねる
×記者を締め出す、門前払いする
×複数の職員がばらばらに記者の質問に答える
×専門用語、外国語を多用する
×記者と感情的に対立する
　例「あなたとはちがうんです！」
×記者と議論する
×業界ではあたりまえのことだからと説明を省略する
×説明せずにやみくもに謝る
　例「私の不徳のいたすところで、誠に申し訳ありません」

×泣く、土下座する
　絶好のシャッターチャンス！ TVで繰り返し放送される
×座ったまま謝罪する
×頭だけぺこりと下げる
×責任転嫁する
　例「部下が勝手にやった」「指導がなかった」
×「他もやっている」と開き直る
×照れ笑いでごまかそうとする
×「法的には問題ない」ことを強調する
×質問に思いつきで答える
×憶測を語る
×うそをつく

らない方はネットで検索してください。)

　もし、挑発的な質問を繰り返す記者がいたら、司会者のほうから「ほかにも質問なさりたい方がいらっしゃいますので、これ以上の質問はお控えいただけますでしょうか」と丁寧に伝えてください。

13 ぶら下がりや夜討ち朝駆けへの対応

　ぶら下がりとは記者会見が終わったあと、記者たちが廊下などで対象者に取材することです。非公式な場で立ち話的に質問してくることも指します。夜討ち朝駆けとは、対象人物の家の前に記者がやってきて、帰宅時や出勤時に取材することです。

　どちらも正式な場での取材ではないので、基本的には受けないというのが正解です。しかし、断り方には注意が必要です。ぞんざいな態度で「しつこいんだよっ！」と記者を振り払うようなことをすると、その行為自体が悪しざまに報道されます。そんなことにならないように、丁寧に「申し訳ございません。今、ここで私がお答えすることはできません。正式な窓口（広報・広聴課など）へお問い合わせください」と静かにその場を去ることをおすすめします。ドタバタと記者から逃げてはいけません。カバンなどで顔を隠して走って逃げると、その姿が面白おかしく情報番組で取り上げられます。

報道対応　7つの注意点

1. まずは自覚を
- 自分の発言の影響力は自分が思う以上に大きい

2. 記者に話したことはすべて報道される可能性あり
- 話すときは覚悟が必要
- 一人の記者と話すことは日本中、世界中に明かすのと同じ
- **覆水盆に返らず。失言した後「謝罪して撤回します」は通用しない**

3. 毅然とした態度も重要
- 「言えない」「わからない」「知らない」ということはきっぱりと
- ただし丁寧に
  - ○「申し訳ございませんが、まだ判明しておりません」
  - × 某謝罪会見の司会者「打ち切ります！」「迷惑です！」
- あいまいな言い方は誤報の元

4. ぶら下がり、夜射ち朝駆けに注意
- いつでもどこにでも記者はいる
- 勝手に取材を受けない。
- 断るときは丁寧に。記者も仕事
  - ○「申し訳ございませんが、私はコメントする立場にございません」

5. 基本は、どの記者にも公平に
- 一人にだけ話すと特ダネ、スクープにされる
  - ×某男性タレントの不倫謝罪→一週刊誌が大スクープ扱い⇒かえって目立った

6. 録音・録画に注意
- ぞんざいな態度・物言い、オフレコがそのまま報道される危険性あり
  - ×某大学トップ「しつこいのもいい加減にしろよっ！」

7. 関連部門・関係者に必ず連絡
- 記者から何かコンタクトがあればすぐに上長と広報部門に相談
- 一番困るのは知らないところでいきなり記事が出ること

第7章

報道対応 FAQ

Q．記者会見にはどのくらいの役職の職員が出るべきですか？

A．役職の決まりはありません。起こった事象に対する責任者と正確に説明できる人が出席してください。

　　人の命が失われた場合は、組織のトップが出てこないと収まらないことが多いです。現場責任者だけで最初の会見をしても、記者や世間からの強い要請で、結局トップが出てくることになったケースは数知れません。不祥事会見は、いろいろリスクが高く、1回で済ませたほうがよいので、人命にかかわる事態になったときは、なるべくトップが出て、1回で終わらせたほうがいいでしょう。

Q．記者会見には何人出るべきですか？

A．人数に決まりはありません。起こった事象を説明するために必要な人数と、責任を表明できる人が出席すればけっこうです。

　　具体的には、①組織、②当該部署、③現場の3つについての責任者が出席することが望ましいです。組織や当該部署の責任表明と現場の説明が必要だからです。それで、民間企業では、社長、担当役員、当該部長の3人が出てくることが多いです。現場の説明が一人でカバーできないときは、役職に関係なくさらに説明担当者を加えます。よって、人数に制限はありません。

Q．記者会見のとき、出席者はどういう順番で並べばよいですか？

A．決まりはありませんが、一番役職の上の人が中央に来ると映像的にはよいそうです。

　　新聞記者はそれほど気にしている様子はありませんが、テレビカメラで撮影するときは一番エラい人が真ん中だと収まりがいいそうです。テレビのニュースでは、最初の挨拶やお詫びで頭を下げる様子がよく取り上げられます。そのとき、マイクを持って謝

罪コメントを述べている人が中央に立っているほうが、絵的にまとまりがあります。

　中央から左右の端へだんだんと役職が下っていくとわかりやすいと思います。また、現場の状況や技術の説明で発言機会が多く、図表も使うことがある人は、最初からスクリーンやホワイトボードに近い位置に来ることをおすすめします。

Q. 不祥事記者会見の冒頭、出席者代表は記者にどういう挨拶をすればよいですか？

A.「このたびは、急な会見となりまして申し訳ございません」が無難です。

　　宴会のときのように「お集まりいただき、ありがとうございます」などと言ってはいけません。

　事件や事故、災害などの不祥事が起きたときの記者会見では「ありがとう」は禁句です。記者のなかには「ありがとう」と言われると気分を害する人がいます。まるで、「手加減してね。前もってお礼を言っておきますよ」と言われたような気がするそうです。また、これから不祥事について説明するのに「ありがとう」というと、文脈としてもおかしくなります。「お集まりいただきありがとうございます。このたび、事故を起こしました。職員が逮捕されました」なんて変ですよね。

　念のため述べると、冒頭の挨拶としての「申し訳ございません」は、過失を認めた"謝罪"とは違います。急に記者に集まってもらったことに対し恐縮しているという意味です。不祥事の責任を認める謝罪は、自分たちの落ち度がはっきりした段階で行えばけっこうです。

Q. 謝罪会見に適した時間帯はありますか？

A. 謝罪会見に適した時間帯はありません。事件・事故が起きたときは数時間以内に発表することが原則で、時間帯で決めるわけではありません。

　不祥事ではない通常の記者会見ならば、記者たちが動きやすい午前11時〜午後3時ぐらいの間に開きます。しかし、事件や事故など不祥事の場合は、発生あるいは覚知から数時間以内に発表できるよう努力し、なるべく日付をまたがないようにしましょう（第2章でも述べたように最初の3時間が勝負です）。もし、開催が遅れてしまったら、その理由を説明できるようにしておきましょう。開催を遅らせる正当な理由がないと、隠ぺいしようとしていたと疑われますので注意してください。

Q. 事故についてのポジション・ペーパーの作成が夜までかかってしまいました。発表は明日の朝まで待ったほうがよいですか？

A. いいえ、待っていてはいけません。事故についての発表は、たとえ夜中になったとしても、その日のうちに行うことをおすすめします。事件も同様です。

　悪いニュースほど早く発表したほうがいいです。もし、一日でも発表が遅れると、「なぜ発表が遅くなったのか」の理由を説明する必要が出てきます。発表が遅くなってしまった場合、どんな説明をしても記者や世間の人々が納得しないことは多いです。たとえば、メールアドレスや電話番号など重要な個人情報が漏えいした場合、詳細を確認していて発表が遅くなったと説明しても、記者や被害者からは「疑い段階で発表してもらえれば、不審なメールや電話に対し自分で警戒することができたのに」と言われます。

　ホームページやSNSの公式アカウントで発表するのなら、いつ

でも自分たちでできるはずです。また、基本的にマスコミは24時間営業で、新聞・テレビ・通信社には夜中も記者は待機しています。夜中であっても、マスコミには遠慮なく連絡してください。

Q. 謝罪会見の時間はどのくらいの長さに設定すればよいですか？

A. 通常1時間です。

当事者にとって、不祥事が起きて謝罪しなくてはならないときの記者会見ほど辛いものはありません。緊張のあまり、失言をしたり不審な行動をとったりしてしまうことがあります。そのようなリスクを抑えるためには1時間が限度です。しかし、これは当事者側の都合です。記者側からは、「質問が出尽くすまでやるべき」という声を聞きます。実際、謝罪会見が2時間以上に及ぶことはよくあります。なかには11時間というケースもあります。私は、それは当事者にとっては失言発生リスクが高まるので、とても危険なことだと考えます。よって、記者会見は1時間で設定することをおすすめします。

Q. 謝罪会見を予定どおりに終わらせるコツはありますか？

A. 終了予定時間を記者に最初から知らせておくことです。終了予定時間は案内状に記載し、記者会見冒頭でも司会者から記者に伝えてください。

予定どおりの時間で謝罪会見を終わらせることができるかどうかは、司会者の腕にかかっています。私は記者会見の冒頭で、「本日の終了予定時間は〇〇時です」と司会者が伝えておき、その時間になったら「予定の時間になりましたので、これにて会見を終了します。これ以降のご質問は広報広聴課へお願いします」と閉会宣言をすることをおすすめしています。

「市長はこのあと公務がございますので……」と言って打ち切

るのは最悪です。「記者会見よりも次のことが大事だ」と言っているようなものです。これは記者に失礼です。その点、「予定の時間になったので終わる」というのはきわめて自然で、記者の追及が厳しいから逃げることにはなりません。また、記者会見が終わったあとも、「これ以降のご質問は、広報広聴課へどうぞ」と案内すれば、記者をほったらかしていることにはなりません。それでも記者たちからは不満が出るでしょうが、記者会見の時間を引き延ばし、説明者が疲れて失言してしまうよりはましでしょう。

　なお、めったにないことですが、予定の終了時間前に記者からの質問が出なくなったら、「ご質問がないようなので、これにて終了します」と早めに切り上げてもかまいません。

Q. 謝罪会見で、記者たちが同じ質問を何度もしてきます。きちんと対応すべきでしょうか?

A. はい。何度でもきちんと対応してください。

　2018年、パワハラをめぐる某記者会見で司会者が「同じ質問ばかりで迷惑です。打ち切ります!」と言い放ち、マスコミや世間から非難を浴びました。同じ質問をされることに対して、このように腹を立ててはいけません。

　記者が同じ質問をしてくるのは、大きな理由が二つあるからだと私は見ています。一つは、各テレビ番組の担当記者が質問している映像をそれぞれのカメラで撮影する必要があるからです。ご承知のとおりNHKと民間放送各局はそれぞれ独自のニュース番組を放送しています。そこで、その番組専属の記者やレポーターが質問している映像を流したいのです。回答は毎回、同じであっても、自分たちの番組のために自分たちで質問する必要があるのです。

もう一つの理由は、同じ質問に対して前と後で回答が違ってこないか記者たちは観察しているからだと考えます。説明者がウソをついていないか確かめるためです。もし、ウソをついていると、だんだん説明が変化していくことがあります。回答が前言と今とでぶれていないか確かめるために同じ質問をしているのかもしれません。さらに、前言と違うことを言ってしまった説明者が、記者の指摘を受けて「しまった！」と困惑している様子も撮影したいのではないかと想像します。

　記者側の理由にかかわらず、説明者は同じ質問に対して何度でも同じ回答をしてください。このとき、「さっきも申し上げたとおり」「何度もいっているように」「だから」といら立ってはいけません。説明者は嫌な顔を見せずに、毎回、真剣な面持ちで丁寧に同じ回答をしてください。

Q.　本来、記者会見に首長が出席すべき案件なのですが、諸般の事情でどうしても出席できません。記者からその点を衝かれたらどうしたらよいですか？

A.　出席した人が「本件の説明については、私が責任者です」と堂々としていてください。「本来ならば首長が出席すべきですが、僭越ながら私が代理で……」は禁句です。

　忙しい首長が、記者会見に出られないことはあるでしょう。その理由をいちいち説明していると、余計なトラブルに発展することがあります。「知事は出張中で……」などと言ってしまうと、「出張からいつお帰りですか？」「出張から帰ってきたら、会見を開いてくれますか？」とさらに追い詰められます。どんな理由を挙げても、さらに記者から質問攻めにあってしまいます。そんなことになるくらいなら、「私が責任をもって説明しています」と言い切りましょう。実際、説明の任を任されているのですから、

その人は間違いなく責任者です。

　もし、首長が出張中で、戻ったら記者会見を開きたいと本人が言っているのなら、

①まず、プレスリリース（ポジション・ペーパーの第一報）で概要を記者に伝えて

②首長が戻ってきたら、すぐに記者会見を開く

ようにしてください。

　一番いけないのは、首長の不在を記者から責められ、苦し紛れに「では、あとでまた会見を開きます」と勝手にその場で約束してしまうことです。これだけは避けましょう。

Q. なにかあるたびに、記者から「知事（あるいは市長）は本件について、なんとおっしゃっていますか？」と聞かれます。どうすればよいですか？

A. 聞かれるまえに首長にコメントをもらっておいてください。すぐにコメントがもらえるよう、首長とその秘書と普段からよく相談しておいてください。

Q. 記者の質問が複雑でよく聞き取れませんでした。そういうときはどうすればよいですか？

A. 記者に「もう一度、お願いします」とわかるまで聞き直してください。

　記者に質問を聞き返してもいいのか、迷う人は多いようですが、迷うことはありません。聞き返してもいいのです。別に失礼なことではありません。

　質問を理解しないまま答えると、記者に回答がおかしいと評価されてしまいます。また、わざと煙に巻いているのかと勘違いされる危険性もあります。質問と答えがかみ合わないのは誤解のも

とです。それはお互いにとって不幸なので、記者には質問を聞き返してください。あるいは、「別の言い方で質問していただけませんか？」とお願いしてください。質問の意味を理解しないまま、たぶん、こういうことだろうとあてずっぽうで答えるのはNGです。

Q．記者会見の場で質問は少なかったのですが、会見後、問い合わせの電話がたくさんかかって来ました。なんと答えたらよいですか？

A．記者会見の前に作った想定問答集の範囲でお答えください。それ以外のことは言わないほうが安全です。

記者は、本音としては他の社の記者がいる前では質問したくないようです。自分だけの情報をつかみたいので、会見後に質問してきます。その気持ちはわかりますが、個別質問に細かく答えて

電話による記者対応

1．ポジション・ペーパーを作る（公表資料を作る）

2．記者から電話がかかってきたときは「資料を送ります」とFAX番号あるいはメールアドレスを聞く

3．ポジション・ペーパーを送る
直後にHP、SNSにも掲載する
（資料を公表する）

4．さらに記者から電話がかかってきたら……

　a．「申し訳ありません。今、正式に発表できるのはさきほどお送りした資料にあるとおりです。」
あるいは
　b．あらかじめ用意しておいた想定問答集の範囲で答える

・基本は、電話で記者と長く話さない

いるときりがありません。せっかく開いた記者会見の意味がなくなります。また、電話で記者と長々話していると、記者のペースに乗せられてうっかり機密情報を漏らしてしまう危険性もあります。記者は取材のプロです。人から話を聞き出すことがとても上手です。

そこで、個別に質問を受けても想定問答集のとおりに答えるとルールを決めて、忠実にそれを守ってください。万一、記者と余計なおしゃべりをして機密情報を漏らすようなことになってはたいへんです。でかでかと報道されて、「誰だ？　こんなことしゃべったのは！」と犯人捜しが始まることでしょう。

Q. 記者会見のとき、記者から野次が飛んできました。野次にも回答すべきですか？

A. いいえ。秩序を保つために、司会者から「恐れ入りますが、質問は手を挙げて指名されてからにしてください。順番にお聞きしますので、申し訳ございませんが、しばらくお待ちください」とやんわりけん制しましょう。

野次にいちいち反応していると収拾がつかなくなります。質問は、記者に挙手をしてもらい、司会者が当てた順に回答していきましょう。記者会見では秩序が大切です。それを守るため、司会者は野次を抑えなくてはなりません。しかし、記者の機嫌を損ねるような高飛車な物言いはNGです。「申し訳ございませんが」「恐れ入りますが」「ご面倒をおかけしますが」「お待たせして申し訳ございません」というように、"クッション言葉※"をうまく使って角が立たないように注意しましょう。

　※クッション言葉：相手に「お願い」や「反論」、「お断り」などをする際に、はじめに入れる言葉。表現をクッションのように柔らかくする効果が期待できる。

Q. 不祥事が起こるとすぐに関係者の処分について問われます。どう答えたらよいですか?

A. 処分が未定なら「未定です」と答えてください。決まっているならそのとおり答えればいいです。

　「おそらく、懲戒免職になるでしょう」などと勝手に言ってはいけません。もし、そうならなかったら、世間の人々から「関係者をかばった」「何か裏で取引があったのだろう」と非難されます。未定のことは「未定です」でけっこうです。これから検討するなら「今後、検討します」でOKです。記者から「これだけのことをしてしまったんだから、当然、懲戒免職ですよね?」と言われても、決まっていないのなら「わかりません。まだ、決まっておりません。これから懲罰委員会にかけます」など事実だけを答えればいいです。とにかく、憶測を語ってはいけません。

Q. 部下が事故を起こしてしまい、一般市民にけがを負わせました。たいへん申し訳なく、誠心誠意お詫びをしてできる限りのことをして差し上げたいのですが、その気持ちをどう表現すればよいですか?

A. 個人の気持ちは大切ですが、人前では冷静に組織の責任者としてコメントしてください。あなたが被害者に対してできる限りのことをしてあげたいと願っても、役所として具体的にどれだけの補償ができるのかは慎重に考えてください。自分の立場を冷静に見極め、被害者や世間の人々に過大な期待をさせるような大げさな表現は避けてください。

　かといって、「補償はできません。わかりません」と木で鼻をくくったような冷たい態度では、被害者だけではなく世間の人々から反感を買います。本当にお気の毒だと思うなら、その気持ちは表出してもよいでしょう。ポイントは、勝手に金銭で補償する

ようなことをにおわせないことです。役所が賠償するということ
は、住民の税金を使うということです。そのことに対して違和感
を抱く人もいます。そもそも規定に沿った対応を役所はすべきな
ので、例外的に特定の被害者だけに手厚く補償をするわけにはい
きません。

　かわいそうに思う気持ちと実際にできることのレベルは、必ず
しも一致しません。現実の厳しさを意識しつつも人間的な対応を
するということは、とても難しいことですが、なんとかバランス
をとらなければなりません。もし、悩んでいるのなら、「誠にお
気の毒ですが……」とその苦悩を素直に表情で表現することもと
きにはアリだと私は思います。

**Q.　記者からコメントを求められました。断りたいのですが可能で
　　　すか？**

**A.　自分が属する組織の説明責任の範囲ではないことなら断っても
　　　かまいません。また、組織としての説明責任の範囲であって
　　　も、自分がその役割でないのなら断ってけっこうです。**

　関係者のコメントは報道においてとても重要です。クライシス
発生時、記者たちはコメントをしてくれる人を探します。事件・
事故の当事者が対応してくれないときは、範囲を広げて関係の薄
い人にまで取材しに行くことがあります。そのとき、不用意なコ
メントは控えたほうが安全です。「その件について、私はコメン
トする立場にありません」と言って断りましょう。

　もし、自分や自分の属する組織が事件・事故の当事者で、しか
も発生原因に関係しているときは、「組織内で、自分がコメントす
る立場や役職なのか」を確認しましょう。たとえ組織的には説明
責任を負っていても、自分自身がコメントする役を担っていない
のなら、安易にしゃべってはいけません。そのときも、「私はコ

メントする立場にありません」と断り、「しかるべき窓口（広報広聴課等）へお問い合わせください」と伝えればけっこうです。

　自分が属する組織に説明責任があり、しかも自分がその役割ならば話は別です。理屈の上ではコメントが断れない状況です。しかし、当事者であっても、記者の取材を受けることは法的な義務ではありません。よって、断ることはできます。そのときは、断る理由を述べる必要があります。「後ほど記者会見を開きます。そこでお答えします」あるいは「正式な文書でお答えします」が理由としては無難です。どうしても記者から逃れられないのなら「リスク・トレードオフ」※の考え方で、どうすることがよりマシか判断してください。

　　※リスク・トレードオフ：何か一つのリスクを避けると、別のリスクが増えるということ。「取材拒否した」と報道されたとき、世間からどんな反応が返ってくるか想像してみましょう。批判されることも覚悟して断るという選択もあり得ますが、私はあまりおすすめしていません。「後ほど文書でお答えします」が無難でしょう。

Q.　記者会見で説明をするとき、マスクははずしたほうがいいですか？

A.　謝罪や反省などの気持をしっかりと表したいときははずしたほうがいいです。ただし、感染症予防対策は厳重に行ってください。

　新型コロナウイルス禍以降、日常的にマスクをすることに慣れてしまいました。マスクは感染症予防のためにたいへん重要なのですが、難点もあります。話し手の表情がほとんど見えないことです。「たいへん申し訳ございません」「深く反省しております」「お悔やみ申し上げます」と心を込めて言っていても、相手からは表情が見えないので説得力が乏しくなってしまいます。そこ

で、アクリル板を前に置き記者席と充分距離をとった上で、マスクをはずして記者会見に臨むことを私はおすすめしています。

しかし、世の中には、ある首長が緊急事態宣言下でマスクをはずして、記者の質問に答えているニュース映像を見て、苦言を呈した人も存在します。「人前でマスクをはずしてしゃべってもいいのだ」という誤ったメッセージを与えているという意見が、新聞の投書欄に掲載されていました※。

※2021年4月23日　毎日新聞「みんなの広場」「会見でのマスク着用徹底を」

そこで、一つ提案です。テレビカメラにもアクリル板がしっかり映るようにしてマスクをはずして説明してはどうでしょうか。最近は、アクリル板の質が向上し、大きくて透明度も高く枠もなかったりします。このような高品質アクリル板だと、まったく違和感がなく話し手の顔が見えるので、会見現場では見やすくていいのですが、報道されたときには何も感染症対策を打っていないようにも見えてしまいます。そこで、あえて枠がしっかりと顔の周りに見えるような小さめの枠付きアクリル板を使ってはどうでしょうか。そうすれば、無頓着にマスクをはずして話しているわけではないことが、テレビの視聴者にも伝わります。

リスク・トレードオフを意識しよう

- トレードオフ
  - こちらを立てればあちらが立たず。同時に二ついいこと
    はない
- リスク・トレードオフ
  - このリスクを避けると別のリスクが増すこと

> リスク・トレードオフについて考えることは
> 正解がすぐに思いつかないときに役に立つ

さて、どっちがいいでしょうか？

あなたの組織やあなたにとって

- どちらが大切？
- どちらが自分の役目なのか？
- 自分の責任はどちらにあるのか？
- 今はどっちがいい？
- 将来はどっちがいい？
- どっちならやれそう？

第8章

想定事例ごとの
対処法のポイント

実際に起こりそうなクライシスについて、対処法のポイントをまとめます。参考にしてください。

1 職員・関係者の犯罪

<ポイント>
＊業務との関連の見極めが大切
＊勤務時間中や職務に関することならば責任重大
＊当該職員を悪者にするのではなく、自分たちの管理監督責任について反省の意を示すこと

　その犯罪が勤務時間中あるいは職務に関連したものなのか、休日や退庁後のプライベート時間にやってしまったことなのかで、監督責任が大きく違ってきます。

① 　勤務時間中の犯罪／職務に関連した犯罪

　この場合、組織としての管理監督責任や任命責任が問われます。組織としての謝罪は必至です。上司の処分も検討しなくてはなりません。ポジション・ペーパーや想定問答集にもその項目を入れましょう。

　プレスリリースだけの発表ではなく、記者会見を実施することが望ましいでしょう。

② 　プライベートでの犯罪

　犯罪により職員が逮捕された場合、その事実についての公表は必要です。公表の仕方はポジション・ペーパーをプレスリリースとして記者クラブで配付しホームページにアップするということが多く、記者会見まで開くのはまれです。職員であってもプライベート

でやったことなので、理論上は、犯罪そのものに対する謝罪は必要ないのですが、「国家公務員倫理規程」等に著しくそぐわないことならば、焦点を絞って謝罪したほうがよいでしょう。犯罪そのものではなく、「職員教育が行き届かず深く反省しております」と自分たちの管理監督責任が果たせなかったことについて謝罪してください。

② 内部告発で不正が表に

＜ポイント＞

＊真相究明と謝罪が大切

　記者会見で真相究明に励むことを表明し、謝罪に徹することが大切です。内部告発をした職員の処遇についても関心が集まるので、その方針を明確にしてから会見に臨んでください。

　いわゆる「犯人捜し」をしてはいけません。告発した職員は正義感からそのような行動をとったのです。もし、告発した職員が誰なのかわかっている場合は、仕返しのようなことをしてはいけません。それがさらに表沙汰になりマスコミや世間を敵に回します。

③ 意図的な情報漏洩（官製談合・機密情報の売買）

＜ポイント＞

＊行為が個人によるものか、組織的なものかを判別
＊それにより、管理監督責任の度合いが違う

一人の職員だけが漏らしたのか、それとも複数名の職員が関与する組織的犯罪だったのかが問題です。

①　一人の職員だけが関与

　上司や組織の管理監督責任と、情報管理システムの脆弱性が取りざたされるので、ポジション・ペーパーと想定問答集に入れ込んでください。

　また、職員個人の生活状況などについてわからないことは「わかりません」と正直に答えてください。

　注意点としては、情報漏洩に関与した職員を、記者や世間の人々の前で「真面目で誠実な勤務態度だった」などと高く評価するようなことはやめましょう。

　「まだ、かばうつもりなのか」と呆れられます。もし、「日頃の勤務態度は？」と聞かれたら、「特に問題はありませんでした」とさらっと答えましょう。

②　複数名の職員が関与

　こうなると大問題なので、職員の管理監督責任、情報管理システムだけではなく、組織の在り方そのものが厳しく問われます。再発防止に向け組織構造の変革を含め検討し、ポジション・ペーパーと想定問答集に反映してください。

　また、組織的犯罪と言われるのは必至です。記者会見で「組織的犯罪ではない」といくら否定しても、実際に起きてしまっているので記者を納得させることは無理です。組織的犯罪と言われること云々にはこだわらず、再発防止のために外部の目を入れた監視体制や職員が不満をためこまない職場環境整備を含め、組織構造の改革に取り組むことを明言しましょう。

4 ハッカーによる攻撃（図書館の利用者情報の流出・公民館など施設利用者情報の流出）

＜ポイント＞

＊「自分たちは被害者だ」という意識はNG

＊早く公表することが大切

　ハッカーに攻撃された側、つまり利用者情報を保管していた役所や公共機関、生徒の個人情報を持っていた学校などは確かに被害者です。しかし、マスコミや世間の人々の前で「自分たちは被害者だ」と言ってはいけません。自分の情報が流出してしまった個人こそが本当の被害者であって、その人たちからすると、「貴重な個人情報を保管していながら、充分なセキュリティを確保できなかったほうが悪い」ということになります。もし、記者会見やポジション・ペーパーで、データを保管していた組織側が被害者意識でいると、世間から非難されてしまいます。

　まずは、自分たちの立場の整理をしましょう。対ハッカーならば、自分たちは被害者です。しかし、対利用者や生徒について考えるとがらっと立場は変わります。自分たちは利用者や生徒たちに迷惑をかけたのです。

　そこで、システムのセキュリティ対策を強化し、警察に被害届を提出するのと同時に、利用者や生徒に謝罪しなくてはなりません。記者会見やポジション・ペーパーの内容が報道されたときの受け手は、利用者や生徒なので、自分たちのうかつさやシステムの脆弱さを認め、迷惑をかけていることを謝りましょう。

　ハッカーの攻撃によるものかどうかは別として、個人情報が流出してしまったら、すぐに公表しましょう。情報が流出してしまった人たちが、犯罪被害に遭わないよう自分で警戒しなくてはならない

からです。どのクライシスも公表は早いほうがいいのですが、こと
さら個人情報流出の場合は、スピードが重視されます。

⑤ 管理施設の不備でけが人が出た

<ポイント>
＊お見舞いはマスト
＊自分たちのミスや責任が明確になっている部分に関しては謝罪
＊個人情報に注意

　公表の前にけが人とその家族へのお見舞いを優先しましょう。
「お気の毒です」「回復を願っております」というお見舞いの言葉は
必要です。迷うのは、謝罪すべきかどうかです。それは、自分たち
の管理責任に対する考え方によります。施設の不備といっても多様
です。日頃のメンテナンスや使い方に問題があったのか、もともと
設計や製造段階でミスがあったのか、けが人が出た直後にはわから
ないことが多いです。さらに、その不備が予測可能であったのかど
うかも関わってきます。
　まじめで優しい人は、なんでもすぐ謝る傾向があるようですが、
組織の一員としてはしばし立ち止まって「不備の原因はなんだろ
う」と考えてください。「ほんとうに自分たちの責任だろうか？」
と冷静になってください。
　明らかに自分たちのミスならば、心から謝罪してください。しか
し、不備の原因がなんであるのか、わからない段階は、謝罪よりお
見舞いを重視してください。そして、原因については「わかりませ
ん」とはっきり言ってください。もし、原因のすべてではないが、
部分的には責任があると判断したのなら、「○○部分については、

私たちの見落としでした。その点について、深くお詫び申し上げます」と言葉にして説明し、謝罪の範囲を明確にしましょう。

　お見舞いの後はいよいよ記者発表です。施設の不備の場合、構造や材質などを説明する必要があるので、記者会見がふさわしいでしょう。プレスリリースだけで説明するのは難しいだろうと予測されます。記者会見で設計図や画像を使って説明したほうがやりやすいでしょう。

　また、このとき、けが人の氏名や入院先については公表すべきではありませんが、性別、年齢、けがの程度までは説明してもよいでしょう。公表してもよいかどうか、気になる場合けが人本人や家族に確認してください。本人や家族から「公表しないでほしい」と言われたならば、記者会見でも「ご本人とご家族のご希望により、公表しません」と説明してください。

 新型コロナウイルスなど感染症患者についての公表範囲

<ポイント>

＊感染者が特定されないよう注意

＊「公共の利益」と「感染者個人が背負うリスク」を常に比較

＊公表後には感染者のフォローアップが必要

　感染症に関しては、偏見・差別問題が深刻なので、個人を特定されるような情報公開は避けるべきです。ただ、不特定多数の濃厚接触者が存在する可能性があり、その人たちに自分の行動履歴を振り返ってもらうために、陽性者の行動を詳しく公表せざると得ないこともあるでしょう。そんなときもくれぐれも個人の特定につながるような情報をそぎ落とし、シンプルな形で発表しましょう。

感染症情報を発表するときは、「公共の利益」（多くの人に注意を呼びかける）と「感染者個人が背負うリスク」（特定されて差別されるリスク）を常に比較してください。公共の利益を優先し公表せざるを得ない場合は、感染者個人が不利益を被らないように注意が必要です。公表後、感染者個人が特定されていないか、偏見・差別を受けていないか、孤立していないか、こまめに連絡をとり、万一、差別などを受けていたら事態の改善を図ってください。

<事例：院内感染発生病院の職員の子どもが差別された例>
　2020年に問題になったのは、感染者や濃厚接触者だけではなく、医療従事者とその家族への差別でした。同年、東京の某病院の職員の子どもたちが登園・登校を拒否されたという事態が発生しました。

　その病院は新型コロナウイルスの院内感染が発生したとき、それを正直に公表しました。翌日、10人以上の看護師や職員の子どもたちが、保育園や幼稚園、小学校から登園・登校を拒否されました。その数、計8か所もありました。その区の指針では、子どもが濃厚接触者の場合は登園自粛を要請し、発熱などの症状がある場合は登園を断ることになっていました。しかし、子どもたちの親（職員）は感染しておらず、職員の子どもたちは熱もなく登園・登校の自粛対象ではありませんでした。この事態を知った病院長はすぐに役所に連絡し、それを受けて役所は保育園や小学校に指導を入れました。それでようやく子どもたちが通常どおり通えるようになったという例があります。このとき、ある園は「感染が広がることを恐れて『登園を控えて』と発言してしまった」と釈明。区の教育長は「闘う相手はウイルスなのに、感染の恐怖からその対象が人間になっていた。『正しく恐れる』ことの重要さを痛感した」と後に語っています。

7 いじめ（生徒間、職員間）

<ポイント>
＊隠ぺいを疑われないよう最大限の努力を
＊公表しないときには、その理由を説明できるようにしておくこと
＊いじめられた側への継続的なケアが大事

　いじめ報道でいつも問題視されるのは、学校や自治体、教育委員会による「隠ぺい」あるいは「隠ぺいの疑い」です。いじめがあったかなかったかよりも、教師らが隠ぺいに加担したり保身にやっきになったりしていたことのほうが、マスコミや世間の人々にはショックです。学校外の人たちからすると、まるで「"神聖なる"教育の場には、本来いじめなどあってはならないのだから、いじめはなかったことにしておこう」と教師や教育委員会が示し合わせているように受け取れます。

　また、いじめを受けた側へのケアが行き届いていないことも報道ではよく取り上げられます。そのような報道に触れると、世間の人々は、学校や教育委員会は「やっかいなことをしてくれたものだ」といじめを訴えた子どもや保護者を煙たがっているのかと思ってしまいます。

　いじめについて訴えを受けたときは、いじめた側といじめられた側双方のプライバシーに配慮しつつも、基本的には事実関係を公表できるように準備しておいてください。いじめを受けたと訴えている側が了承あるいは要求すれば発表してください。まずは、隠ぺいを疑われないことが第一です。また、公表しないことについては「なぜ公表しないのか」の理由を明確に記者にも説明してください。正当な理由があって公表しないのであれば、それは隠ぺいとは

言われません。

　また、いじめを受けたと訴えている側はすでに傷つき弱っています。いじめがあったかどうかの調査の結果を待っている間もいたわってあげましょう。たとえ、調査結果が出ていじめはなかったとしても、本人やその家族は孤独感にさいなまれている場合が多いので常に声をかけて様子を気にしてあげてください。それを怠ると、「ほっとかれている」「無視されている」と、マスコミに訴えたりネットに書き込まれたりします。いじめの有無とは関係なく、いじめを受けたと訴えている人たちの相談相手になれるよう努力をしてください。

⑧ 自然災害

<ポイント>
＊自然災害発生前のリスク・コミュニケーションがとても重要

　自然災害の多い日本では、行政の対策がうまくいかなかったとしても、人々の非難の声は他の事件・事故に比べてそれほど大きくありません。大自然の前では人間の力が及ばないこともあると記者も含め国民が理解しているからです。

　しかし、人災となると話は別です。判断ミスで避難指示を出すのが遅れたとか、マニュアルがあったのに活用できなかったとか、危険箇所の存在を知っていたのに多忙や予算の都合を理由に対策を後回しにしていたとか、被害の拡大に人が関与していた場合はマスコミも世間の人々も怒ります。つまり、「天災ならばあきらめもつくが、人災は許せない！」のです。

　本当に人災ならば責められてもしょうがないので、正直に謝罪す

べきです。しかし、避けようのない天災だったのに、職員のミスによる人災だと勘違いされるのは残念です。

　自然災害については、災害が発生したときのクライシス・コミュニケーションが大切ですが、もっと重要なのは平時におけるリスク・コミュニケーションです。住民が災害リスクについて正しく理解していれば、いざというとき命を守る自助・共助につながります。平時であれば災害そのものついて冷静に観察できるので、行政側だけを責めるようなこともなくなるでしょう。

　昔、浸水ハザードマップは地価が下がるのでその地域の住民等から歓迎されないという話を聞いたことがあります。しかし、東日本大震災以降、人々の意識は大きく変わりました。今は、災害リスクを日頃から知っておくことが大切だと世間の人々は理解しています。行政が行うリスク・コミュニケーションが歓迎される時代になったのです。日頃から自然災害について、積極的なリスク・コミュニケーションに励んでください。

❾ 学校給食のアレルギー事故

<ポイント>
＊児童・生徒とその保護者との対話を優先
＊記者発表はその後で

　給食によるアレルギー事故が起きた場合、学校としては事実関係を包み隠さず保護者に伝えるべきです。一方で、マスコミや世間にどこまで公表するかは、非常に難しい問題です。この点も保護者との話し合いが必要です。できれば、保護者も交えて、マスコミ発表の方法と発表資料の詳しさについて検討してください。

往々にして、学校内で事故が起きると教職員や教育委員会は、責任を感じすぎるからなのか、保護者との対話を避けたがる傾向があります。教師ら学校関係者は事故が起きたことにショックを受けて反省したり悲しんだりしているのに、保護者と対話する機会がないとそのことは保護者に伝わりません。そして、保護者は「ちっとも連絡をくれない」「うちの子が被害に遭ったことを軽く考えているんじゃないか」と学校や教育委員会に不信感を抱くようになります。それはなんとしてでも避けなくてはなりません。

　アレルギー事故に限らず学校で問題が起きたときの危機管理広報としては、マスコミ発表をどうするかの前に、まずは事故に遭った児童・生徒本人、そして保護者とのコミュニケーションに重点を置いてください。

　理想は、児童・生徒や保護者との信頼関係が成立した上で記者発表することです。その前に、記者から問い合わせが来てしまったときは、事故の事実は認めて「今、保護者と話し合いをしているところなので、記者会見はその後になる」旨を伝えてください。

> ＜事例：給食でアナフィラキシーショック、児童死亡＞
> 　2012年、東京の某小学校で、給食のおかわりで食べたチーズ入りチヂミによるアナフィラキシーショックで女子児童が死亡しました。その後、死亡した児童の保護者は、食物アレルギーのある娘が普段はおかわりをしないのに、なぜこの日に限っておかわりしたのか、不思議に思っていました。保護者はその理由（学校が行っている「食べ残しを減らそう運動」に貢献しようとした）を女児の友人たちから聞いてはじめて知りました。このことから、学校側が事故の経緯を保護者にきちんと伝えていなかったことがわかります。この保護者は「学校だけが問題を背負い込まないでほしい」と語り、保護者との情報共有や地域の医師との協力の重要性をマスコミに訴えました。

食物アレルギーを持つ人は今や珍しくはありません。教師はじめ学校関係者は、アレルギーに関する事故はどんなに注意していても起こるものと考え、リスクマネジメントしておく必要があります。事故対応マニュアルの整備はもちろんのこと、普段からアドレナリン自己注射製剤の使い方などアナフィラキシー症状に対する救命救急訓練を実施しておきましょう。

10 学校・管理施設での食中毒

＜ポイント＞
＊原因について憶測を言わないこと
＊外部の委託業者に原因があったとしても、被害者意識を表に出さないこと
＊自分たちの管理監督責任を正直に認めること
＊食中毒被害者に謝罪をすること

　最近は学校の給食も、自治体が管理する施設の食堂や売店も民間企業に委託していることが多いので、もし食中毒が起こると、まずは委託先の不注意を疑います。しかし、はっきり原因が判明するまでは、憶測で「委託業者の衛生管理に問題があったのだろう」などと記者や被害者に話してはいけません。

　ご存知のように食中毒はその症状が現れるまで潜伏期間があります。いつ食べたものが原因かおおよその予測はつきますが、ほんとうにそれが原因かは医学的・疫学的調査をしなくてはわかりません。不用意に外部委託業者や納入業者の名前を出すのは控えましょう。風評被害が広まると民間業者は倒産の危機に直面します。憶測で「外部委託先の○○が怪しい」と言ってしまったあと、その業者

が原因でないと判明したときには訴訟問題になることもあります。

　調査の結果、委託業者や納入業者に原因があったとしても「自分たちも被害者だ」という態度を、記者や世間の人々の前でしてはいけません。ポジション・ペーパーの原因欄に外部委託業者や納入業者のことを調査結果として正直に書き入れることはありますが、説明するときの態度としてすべて業者のせいにして、被害者面するのはやめましょう。自分たちにも、管理監督責任や安全管理義務があることを忘れてはいけません。

　原因がどこにあったにせよ、学校や施設の責任者は被害者に対する謝罪が必要です。記者発表でも自分たちの管理責任に言及し謝罪をしたほうがいいです。

11　LGBTQ に関する問題発言

＜ポイント＞

＊LGBTQ（読み方：エルジービーティーキュー、Lesbian（レズビアン、女性同性愛者）、Gay（ゲイ、男性同性愛者）、Bisexual（バイセクシュアル、両性愛者）、Transgender（トランスジェンダー、性別越境者）、QueerやQuestioning（クイアやクエスチョニング、定まっていない、あるいはわからない者）の人たちの人権について、マスコミも世間も　敏感であることを意識

＊人権や尊厳を傷つける発言をしてしまったら、「自分が他人を傷つけた事実」に対して素直に謝罪すること

　LGBTQあるいはSOGI（読み方：ソジ、Sexual Orientation（性的指向）とGender Identity（性自認））についての理解は、今、急速に広がりつつあります。同性婚を認める自治体もある一方で、差

別的なコメントを述べる政治家も存在します。変化があまりにも急激なので、LGBTQの人々に対する接し方や考え方には大きなばらつきがあるようです。そのため差別や偏見の意識がなくても、なにげない一言でうっかり誰かを傷つけたり不快な思いをさせたりしてしまうことが発生します。もしマスコミやネットユーザーから、自分たちの発言や行為が差別的だと指摘されたら素直に謝罪すべきだと私は考えます。傷ついた人が確かに存在するのですから。

　失言をマスコミやネットで非難されたとき、持論を強く主張して事態をますます悪化させる人がいます。おそらく、そのような人は自分の価値観や思想を否定されたと受け止め、自己防衛のために持論にこだわるのだと推測します。思想の自由は憲法でも保障されているので、その人がどんな考え方を持っていてもそれは別にかまわないと私は思います。しかし、悪意の有無にかかわらず、意識的かどうかも関係なく、自分の言葉や態度で他人を傷つけてしまったのならそれは謝罪すべきです。

　また、他者の考え方や生き方を尊重することは民主主義社会では当然のことです。自分の価値観や思想が大事だと思うのならば、他人のことも尊重しましょう。クライシス・コミュニケーションにおいても、このシンプルなルールに基づき、行動していただければけっこうです。

⑫ 職員の情報発信で炎上

＜ポイント＞

＊職員教育の不行き届きについて謝罪すること

＊ソーシャルメディア・ポリシー（ガイドライン）に基づく職員教育を強化することを発表

公務員がSNSで炎上事件を起こした事例は、民間企業ほどは多くはありませんが、いくつか発生しています。2013年には復興庁の幹部職員がツイッターに市民団体や国会議員に対する誹謗中傷を書き込み、30日間の停職処分を受けています。このとき、復興庁は謝罪し、当該職員の処分について発表しています。

　職員の情報発信により炎上が起きたとき、その書き込みが業務に関わることであろうが、プライベートであろうが、まずは職員教育の不行き届きについての謝罪が必要です。

　事件や事故に対する責任の取り方にもいろいろあります。それは、単に職員を処分して終わりではありません。役所の危機管理の弱点は、職員が問題を起こしたとき、その職員を処分して「責任をとった」と考えることです。職員の処分は必要ですが、それで終わりというのでは、「トカゲのしっぽ切り」と言われかねません。人々が望む責任の取り方とは、再発防止に真剣に取り組むことです。その具体策を示すことを記者も世間の人々も求めています。

　2010年ごろから、社員やパート従業員の不適切な情報発信による炎上事件に悩む民間企業が増えてきました。コンビニエンスストアの商品陳列冷蔵庫内にアルバイト店員がふざけて入ってその写真をツイッターにアップしたり、ホテルのアルバイト従業員が「有名人が泊りに来た」とうれしそうに書き込んだりと、人々に注目されることを目的に服務規程や職業倫理に反することをやってしまうケースが続出しました。そのせいで倒産する店や企業もあり、社会問題にもなりました。そこで、従業員教育の徹底とともに、各企業が「従業員に対し、SNSの使い方や職業倫理についてしっかり教育していますよ」とアピールするために、ソーシャルメディア・ポリシーを会社のホームページに掲載するところが増えてきました。

　ソーシャルメディア・ポリシーあるいはソーシャルメディア・ガイドラインとは、SNS（ソーシャルメディア）の使い方や情報発言

するときの注意点についての決まり事です。どの組織のソーシャルメディア・ポリシーにも必ず含まれている項目は、「業務に関わる機密事項は載せないこと」「他人に対する誹謗中傷はしないこと」です。ただ、立派なポリシーやガイドラインがあったとしても、どんなに人権や倫理についての研修をしても、ネット上でハメを外す人はどこにでもいるようです。よって、炎上事件は避けようがないものかもしれません。しかし、「組織としてなにも手を打っていない」と記者や世間の人々から思われてはいけないので、職員の書き込みにより問題が起きたときは、自分たちのソーシャルメディア・ポリシーそのものを公表し、再発防止のために職員教育を強化することを発表してください。

⑬ 平時の広報が最良のリスクマネジメント

　クライシスの種類がなんであれ、それが起きてしまったとき、当事者は「最大限の努力をしたかどうか」が問われます。それは事が起こってからの対応だけではなく、平時において予防対策をきちんととっていたかということも含みます。当事者の油断や怠慢のせいで起こるべくして起きた事故と、細心の注意をはらっていたのに防げなかった事故では、被害者や世間の受け止め方は当然ちがってきます。マニュアルがあったのに職員は知らなかった、研修を職員に受けさせていなかったなど、「組織の怠慢」と思われるような行為があると、当然、激しく批判されます。

　そのような事態を避けるためには、リスクマネジメントに関する啓発活動を含むリスク・コミュニケーションや、事件・事故や災害が起きてからのクライシス・コミュニケーションだけではなく、平時の広報も大切です。普段から注意するとか予防に励むという点に

ついて「当たり前のことだから、特に言わなくても……」と広報活動に対して消極的すぎるのはもったいないです。自分たちが当たり前だと思っていることは、案外、部外者には知られていないのです。「私たちはこんなに努力しています」ということを常日頃からしっかり世間の人々に知らせておいてください。

第 9 章

自分たちのせいではないが
説明責任が問われるとき

1 誤報への対応

誤報されたとき、泣き寝入りしてはいけません。やるべきことは二つあります。

① 誤報をしたメディアに連絡

i　誤報に気づいたら、すぐにそれを報じたメディアに電話をしてください。

ii　取材した記者あるいはその人の上司（デスク、副編集長、編集長、部長、局長など）に、「○○記者の取材を受け、○○について説明しましたが、こちらの説明と違う内容で報道されました。こちらはこのように説明しました」と、冷静にどこがどうちがうのか説明しましょう。

このとき、謝罪や訂正記事を強く求めないこと、けんか腰にならないことが重要です。対立姿勢をとらないほうが得策だと私は考えます。メディアとはその後もずっと関係を保たねばならないからです。

明らかに内容が間違いだとしても、「うちの記者はこう解釈した」と言われてしまってはおしまいです。また、相手が間違いを認め謝罪しても、一度、世に出てしまった記事や番組はなかったことにできません。訂正報道をしてもらっても、読者・視聴者にはなんのことかわからないことがほとんどです。「○○日の○○についての報道に不適切な表現がありました。正しくは△△です。ここにお詫びして訂正します」と言われても、読者・視聴者は「はあ？」という感じです。

だからと言って黙っていると、取材した記者も新聞社やテレビ局も誤報に気づきません。マスコミというのは常に新しいニュースを

報道しようとしています。そのため、過去において自分たちが報道したことを振り返って検証することはほとんどできていません。誤報に最初に気づくのは、誤報されて被害にあっている側です。気づいた時点で、誤報であることをこちらから連絡しないと、メディアのほうではまず気づきません。そうなると、また誤報されるリスクが高まります。誤報は、多くは記者の勘違いから生じています。勘違いしたままだと、次の取材でまた勘違いしてしまうことになりかねません。それで、記者の視点や解釈の軌道修正のために、こちらから間違っている点を指摘する必要があるのです。

　また、誤報のたびにメディア側に連絡していると、記者たちも「あそこはよく見ている」と思うので注意深くなります。報道する前に、「こういうことで合っていますか？」と確認してくれるようになる可能性が高まります。少なくとも、メディア社内でのチェックは今まで以上に入念になるので、誤報の再発防止につながります。

　ネット媒体の場合は、誤報について連絡すると一度報道した記事に上書きする形で訂正してくれることがあります。ネットならではの柔軟さです。

②　誤報があったことを自分たちのホームページや公式SNSに掲載

　ネット媒体の場合は、サイト上の記事の修正も可能ですが、新聞・雑誌などの紙媒体やテレビのような放送媒体の場合、一度、世に出たものの修正や消去は、いくら頼み込んでも物理的に不可能です。読者の家に押しかけて新聞や雑誌を回収しても、あのニュースは忘れてくださいと視聴者に頼んでも意味がありません。

　そこで、「正しい情報」を人々に知らせるために、自分たちのホームページや公式SNSに「誤報があったこと」と「正しくはこのとおりです」の2点を掲載しましょう。誤報した記者への不満や非難など感情的なことはいっさい入れないようにしてください。

誤報されたときホームページに掲載する文書例

○○に関する報道に「事実と異なる部分」がありました

昨日の市長定例会見後に、一部のメディアにおいて市長が発表したこととは異なる内容の記事が掲載されました。正しくは以下のとおりです。

・（報道発表資料を添付）

本件についてのお問い合わせは、本市広報広聴課へお願いします。

・電話：XX-XXX-XXXX・メール：○○＠○○city.lg.jp

② 関係者が事件・事故・災害に巻き込まれたとき

　何の落ち度もない職員等関係者が、事件や事故あるいは災害に巻き込まれ、メディアで騒がれることがあります。

　こちらのせいではないけれども、注目度が高まりコメントを求められることがあるでしょう。そんなときも、記者対応は大切です。

　沈黙していると、「どうしたのかな？」「なぜ、黙っているのだろう？」と世間の人々は不安になります。これが行き過ぎると、「何か裏があるのではないか」「被害者だと思っていたけれども、ほんとうは違うのではないか」と悪いほうへ人々の関心のベクトルが向いてしまいます。

　自分たちのせいではないが、クライシスに遭遇したときも、対応としては、ポジション・ペーパーを作成し、自分たちの立場を記者や世間の人々に説明できるよう整理してください。必要に応じて、記者クラブでプレスリリースとして配付したり、記者会見を開いたり、ホームページや公式SNSで発信したりしてください。

　事件に巻き込まれたあとの対応例の見本として、2013年の日揮ア

ルジェリア人質事件のときの記者会見があります。アルジェリアの砂漠地帯でプラント建設に従事していた日揮の日本人社員らがゲリラ攻撃の犠牲となった事件のときです。情報の少ない中、マスコミや世間の関心は、現地の日本人従業員の安否がどうなのか、亡くなった人がだれなのかに集中しました。横浜の日揮本社には記者が詰めかけ、大騒ぎになりましたが、日揮の広報・IR部長は落ち着いて記者対応をしていました。このとき、日揮側と報道陣が一時的に対立してしまいました。記者たちは、命を落とした社員と助かった社員の氏名の公表を求めましたが、日揮は毅然としてこれを拒否しました。理由は、社員とその家族を守るためでした。ある新聞が一部の犠牲者の氏名を独自に取材し報道したところ、遺族のもとに報道陣が詰めかけ悲しみにくれる遺族がさらに窮地に立たされる事態となりました。そんなことがあったので、日揮は会社の立場としては社員のプライバシーを守るため、氏名等詳細は発表しないという方針を貫きました。世間の人々は、社員や家族を思う日揮の姿勢に共感をいただきました。はじめのうちは氏名公表にこだわっていたマスコミも、世論が日揮を支持していることに気づき、加熱報道を自粛するようになりました。

このとき、記者たちを前に誠実に対応していた日揮の広報・IR部長の粘り強さに驚きました。彼は、頑なに記者の要求を拒むだけではなく、なぜ氏名を明かせないのか誠実に説明していました。事務的に役目を果たしているだけではありませんでした。「犠牲になった社員たちのことを思うと……」と記者会見の途中で、ぐっと涙をこらえる姿に日本中が感動しました。その後、各種メディアでは「がんばれ、日揮」というような特集が組まれるほど、日揮や社員への同情や共感が広まりました。

また、2019年の滋賀県大津市のレイモンド淡海保育園の園児13名と保育士3名が、園外を散歩していたときに自動車が突っ込んでき

大津　レイモンド淡海保育園　交通事故

- **素早く、根気強い記者対応**
  - 2019年5月8日（水）午前10時すぎ　事故発生
  - 同日11時10分　ポジション・ペーパー第1報

  - 同日15時30分　ポジション・ペーパー第4報
    - 記者会見開催について告知
  - 同日18時00分〜　記者会見（約30分間）TVが生放送
    - その直後、保護者説明会開催
  - 同日23時00分　ポジション・ペーパー第5報
    - 「#保育士さんありがとう」のハッシュタグとともに感謝の気持ちをツイートする人が相次ぐ
  - 5月9日（木）　ポジション・ペーパー第6報
  - 5月10日（金）　ポジション・ペーパー第7報
  - 5月11日（土）　ポジション・ペーパー第8報
  - 5月14日（火）　ポジション・ペーパー最終報

て、全員負傷しそのうち園児2名が亡くなった事故のときの、同保育園の記者対応も見事でした。被害者だから説明しなくていいということはありません。このような交通事故の場合、現場の事情を知らない第三者は「保育園の安全管理はどうなっていたのだろう？」と疑問をいだきます。「保育士がついていたのに、どうして園児たちを守ってあげられなかったのだろう？」と不審に思う人々も出てきます。同保育園は事故から1時間後に最初のポジション・ペーパーを園のSNSにアップし、その後も状況が判明するごとにSNSを更新し、事故が起きた日の夕方6時には記者会見も開きました。その場で、園運営会社の幹部や園長が、日頃の安全管理や園児が外を散歩するときの保育士の動きなどを説明しました。記者の質問にも真摯に答えたおかげで、園側に非はないことが世間の人々から理解され、誤解を受けることはありませんでした。それどころか、記者会見が夕方のニュースで生中継された後、ツイッターでは「保育士さん、ありがとう」と園と保育士を応援する声が広まりました。

③ 事実関係で主張が異なる場合

　マスコミに限らず市民団体や有識者と、自分たちの主張が食い違うことはあるでしょう。それぞれ立場や視点が違うので見方や評価が違うのは仕方のないことです。しかし、相手に事実誤認がありそのために不利益を被っているのなら、正々堂々と反論すべきです。

　裁判に持ち込む方法もありますが、危機管理広報では「公開質問状を送る」という手段もあります。

　「この事柄について、私たちは事実関係をこのように認識していて、あなたの見解と違っています。なぜ、あなたはこのようにお考えになるのか、論理的な根拠を示してください」と相手に文書で送るとともに、このような質問を相手に送ったという事実を広く世間に公言するのです。記者クラブでプレスリリースとして配布してもよいですし、記者会見を開いてもよいでしょう。「私たちは、あの件についてだれそれに質問状を送りました。回答を待っています」と状況をそのまま、世間の人々に知らせるのです。

　もし、相手が誠実に回答してきて、確固とした根拠があってもっともな主張していたのだとわかれば、改めて話し合いをすればよいのです。「なるほど、そういうわけか」と相手の言っていることの意味がわかるので、議論も実のあるものになるでしょう。そうなれば、相手との関係が、一歩、深まったのだと考えることができます。

　しかし、相手が回答をせず無視するとか、回答があいまいな場合は、その事実を世間に公表することで、自分たちの主張の正当性を示すことができます。

　つねづね私は、日本のあらゆる問題の根源は、「議論を避けること」にあると感じています。腹を割って話せば、解決策が見つけ出

せるのに、ろくに話し合いもせずに「たぶんこうだろう」「こうしておけば無難だろう」と忖度しているから、目的を見失ったり、意味不明のムダな作業に労力を費やし、生産性が落ちていたりするのではないかと危惧しています。世の中で、関係がこじれて問題が長引いているもめごとを見ると、「当事者同士が直接、話し合っていない」ケースが実に多いと思いませんか。

　危機管理広報の広報とは、パブリック・リレーションズ（Public Relations）のことです。パブリック（社会）とのリレーション（関係）を持つこと、よい関係を築くことが本来の広報です。危機管理広報においても、このあり方は重要です。世の中の様々な問題の根源が、コミュニケーション不足によるものであるとすると、広報を本気で行うことこそ、問題解決の近道だということになります。

　リスク・コミュニケーションやクライシス・コミュニケーションといった危機管理広報は、単に自分たちの保身のためにうまく世間からの非難をかわす術ではありません。危機において、被害を最小限にとどめるためのコミュニケーションなのです。

　本書では、クライシスを主に事件・事故・災害と想定して、マスコミやネット対策について述べています。そのほかのトラブルが起きたときにもコミュニケーションは必要です。日常的に危機管理広報の心得や手法を活用していただきたいと思います。

第10章

平時にしておくべきこと

1 危機に備えてマニュアルを作成し平時に熟読

　危機に備えたマニュアルの必要性が叫ばれてずいぶん時が経っています。しかし、いまだにマニュアルを持っていない組織は存在します。日本企業の9割以上を占める中小企業では、ほとんどのところでまだマニュアルがないようです。官公庁や学校法人で、危機管理マニュアルがないところはさすがにもうないと思います。しかし、せっかくのマニュアルが、充分、活用できていないケースは多いのではないでしょうか。東日本大震災のときに園児が津波被害にあった幼稚園のように、園長の本棚に飾ってあるだけで職員は見たことがないというケースもあるのではないかと心配です。マニュアルの"落とし穴"は、完成したときの満足感がとても大きくて、その組織はそれで満足してしまう点です。まさに手段が目的化してしまうのです。

　また、事件・事故・災害などの不祥事が起こったときに、危機管理マニュアルをはじめて見るようではうまく機能しません。皆さんは車の運転をしながら、教習所の教則本や車のマニュアルを見るでしょうか。知識は頭に入っていて、実際の動き方は体で覚えていてこそ安全に運転できます。マニュアルを見ながらおそるおそる動かしているようでは危なくてしょうがない。事故が起きて動揺しているときに、マニュアルを丹念に見ている暇はないし、読んだところで理解できない可能性があります。危機管理マニュアルも、いざというときマニュアルを見なくても適切な対応が素早くできるくらい、頭で理解し体を使って訓練しておく必要があります。

② マニュアルのアップグレード——キーワードは「観察」「想像力」「柔軟性」

　危機管理や危機管理広報に限らず、マニュアルを毎年更新し、そのたびに研修や訓練を行い職員に周知徹底するのが理想です。また、何か本当にクライシスが起きた後には、マニュアルがうまく機能したか検証し、必要に応じて修正しなくてはいけません。

　組織を取り巻くリスクは刻一刻と変化します。新型コロナウイルスが出現するまで、日本での感染症リスクは小さいにちがいないと多くの人が思っていました。思いもつかないことが、実際に起こりえるのです。

　新しいリスクに直面するたびに、後世のためにもマニュアルはすぐに加筆修正してください。しかし、どんなに改訂してもマニュアルは完璧にはなりません。なぜなら、予測もしないことが起きる可能性は常にあるからです。失敗学※では、事故などのクライシスについて「あり得ることは起こる。あり得ないと思うことも起こる。思いつきもしないことも起こる」と考え、想定外のことに備える柔軟性を重視します。

　※失敗学：事故や失敗が発生した原因を解明し、経済的な打撃をもたらしたり人命に関わるような重大な事故や失敗が起きたりすることを未然に防ぐための方策を追求する学問

　皆さんの危機管理マニュアルや危機管理広報マニュアルでは「あり得ること」は当然、カバーしているでしょう。しかし、「あり得ないと思うこと」については、マニュアルに掲載していないのではないでしょうか。人間は「起こってほしくないことは、きっと起こらないだろう」と考えがちです。「起こってほしくない」が「起きるはずがない」「あり得ない」に変化し、いつの間にか忘れたふりをしてしまうのです。心のどこかに、少しでも不安が残っていたら

まだしも、完全に忘れてしまうこともあるでしょう。そして予防も
せず対応策も立てていない無防備状態のところで、事件・事故・災
害に巻き込まれてしまうのです。そして、クライシス後の記者会見
で「あってはならないことが起きたので……」と責任者が言い訳を
するはめに陥ります。そういう不祥事報道を見るたびに、私自身も
含め人間というものは楽観的にできているのだなとつくづく感じま
す。

　東日本大震災で被害が拡大したのも「貞観地震※のようなことは
起きるはずがない」との思い込みが、いつしか「起きない」にすり
替わり、「起きないのだから、備えについて考えなくてもよい」に
なっていったことが原因の一つでした。せっかく「そんなこと、起
きるはずはない」と「そんなこと」にまでは思い至ったのに、その
先を考えなかったことは残念です。しかし、それが人間というもの
なのでしょう。だからと言って、あきらめるわけにはいきません。
リスクマネジメントをやるからには、「そんなこと」にも、無理し
てでも「起きると予測」しマニュアルに入れていくよう心がけてく
ださい。

　※貞観地震：貞観11年（西暦869年）三陸沖を震源とする巨大地震。
　　震源域が少なくとも宮城県沖から福島県沖に広がりマグニチュード
　　8.4程度の規模であった可能性も議論されていた。しかし、東日本大
　　震災前の宮城県沖地震の長期評価の中では、過去数百年間に起きて
　　きた地震の規則性が強調され、貞観地震のような例外的な地震は考
　　慮されることはなかった。（認定特定非営利活動法人日本防災士機
　　構「防災士教本」2020年4月1日第1版から抜粋・要約）

　他所で"あり得ない"事件・事故や災害が起きたときは、自分た
ちのマニュアルのバージョンアップをする機会ととらえてくださ
い。まず「あれと同じことがうちで起きたらどうしよう」と心配す
ることから始めましょう。自分たちの地域以外のことでも常に「観

察」し、自分たちにも同じことが起きると「想像力」を働かせるのです。さらに他所の事例を研究し、「うまくいったこと」と「うまくいかなかったこと」を知れば、自分たちのマニュアルに「対策」と「注意事項」として追加することができます。

さて、「あり得ないと思うこと」についてもなかなか想像力が働かないのですから、「思いつきもしないこと」をマニュアルに入れるのは不可能です。では、どうすればよいのでしょうか。あり得ないことに遭遇したとき、瞬時に対応できる「柔軟性」を身に着けるしかありません。それには日頃の心がけと訓練が不可欠です。

③ 管理職研修──真の目的は柔軟性の育成

「思いつきもしないこと」に対応できる「柔軟性」を養うためには、どうすればよいでしょうか。柔軟性があるかないかはもともとの性格やこれまで生きてきた環境にもよるでしょうが、訓練で高めることはできます。

メディアトレーニング

＊メディアトレーニングとは記者会見やインタビュー、取材対応の訓練・予行演習

＊なぜメディアトレーニングが必要か
- 不祥事はめったに起きないので誰もが経験不足
- スポークスパーソン（組織を代表して話す人）が緊張のあまり失態をしでかすことはよくある
- 記者は、相手の動揺や説明の矛盾を見逃さない
- スポークスパーソンと記者がクライシスという異常事態でいきなり対面すると、誤解が生じる可能性が大いにある
- そこでスポークスパーソンは、事前のメディアトレーニングで**"場慣れ"**しておくほうがよい

メディアトレーニング（ロールプレイによるシミュレーション）のメリット

- 説明者役
  - 即戦力が身につきます
    - 取材や会見の段取りが理解できます
    - 回答の仕方がわかります
    - 度胸がつきます
- 記者役
  - 記者の思考回路を疑似体験できます
    - 本物の記者を目の前にしたとき、相手の考えていることや質問を予測することができるようになります

　私が実施しているメディアトレーニングは、思考の柔軟性を養う一つのやり方です。メディアトレーニングとは、読んで字のごとく「メディア取材に対する訓練」です。不祥事が起きたときの説明責任の果たし方について講義を通してその技と考え方を学びます。それに続いて模擬記者対応実習（ロールプレイによるシミュレーション）を行います。そこで、記者役からの質問に対し適切に対応できるよう、柔軟性を高める訓練をします。具体的には、架空の不祥事についての想定シナリオを設定し、模擬記者会見や模擬インタビューを行います。そのとき、動画も撮影し、受講者にはあとで自分が話している様子を見てもらいます。言葉の使い方や表現、しぐさなどを講師から細かく指導しますが、なんといっても本人が自分の姿を動画で見ることが一番効果的です。1回目はたいていの人が自分の姿を見てがっかりします。頭で理解していることをうまく口で説明できていないからです。姿勢やしぐさも自分が思っているほどかっこよくはありません。

メディアトレーニング

模擬記者会見の準備　　　　　　　　　　　　　グループ討議

　しかし、１回目の動画を見た後に２回目の模擬記者会見や模擬インタビューを行うと、説明の仕方も質疑応答での回答も態度も、本人が驚くほど上達します。おっかなびっくりで自信がなさそうだった人も、２回目の模擬記者会見では、落ち着いて話せるようになります。２回目のビデオを見て、細かい改善点に気づいたらもう大丈夫。私は20年以上メディアトレーニングの講師をしていますが、元がどんなふうであれ、３回目の模擬記者会見ではすべての人が完璧になっています。ここでの“完璧”というのは、予想外の質問を受けたときに、あわてず騒がず対応ができるということです。想定外の事態に遭遇したとき、うろたえてあてずっぽうを口走ったり、黙り込んであぶら汗を流して苦しそうにしたり、隣の人とヒソヒソ相談したりするのはNGです。メディアトレーニングを受けていない

と、ついそういうことをしがちです。頭が固くなり「わかりません」と言ってはいけないと思い込んでいるからです。しかし、メディアトレーニングを充分に受けた人は、自分が知らないことにぶち当たっても、冷静に今、何をすべきか考える余裕があります。その場しのぎのでたらめを言うことがどれほどよくないかも気づいているので、知らないことなら「わかりません」「知りません」、知っているけれども公表段階にないのならば「今、まだ公表できる段階ではありません」、あるいは「こうこうこういう理由でお答えできません」「ここでは即答できないので、後で調べてお知らせします」というように、柔軟な対応ができるようになります。

メディアトレーニング──模擬記者会見の実施

模擬緊急記者会見とビデオ撮影 ➡ ビデオ再生、講評

メディアトレーニングは取材対応訓練ですが、そこで身に着けた能力はほかの場面にも応用できます。メディアトレーニングでは、まず恐怖や不安に耐えてなんとか乗り切る度胸と、途中で投げ出さない根気が養われます。そして、今何をして次に何をしようという段取りのつけ方や、自分がこうするとどういう影響が考えられるのか、影響が悪いほうに出てしまったときは何をするのが一番損害を小さくできるのかなどを、論理的に考え行動する練習になるからです。これらの能力は、あらゆる場面で役に立ちます。

　危機管理に特化した訓練としては記者対応だけではなくクライシスそのものへの対応訓練も必要です。受講者に事前に設定を教えずに、「突然、地震や大規模停電になった」というような想定で、自分がどう動くべきかタイムライン※を考え、実際にそれに従って行動する訓練が有効です。

　※タイムライン：ここではSNSの投稿履歴のことではなく、時間を割り振った行動計画という意味

　実際にはめったにクライシスは起きませんが、起きるときは突然です。たとえば歩いていて何かにつまずいて転びそうになるときのように、ピンポイントでその瞬間を予測することは難しいです。しかし、体幹や瞬発力を日頃から鍛えておけば、急につまずいてもぱっと体勢を立て直し転ばずにすみます。同様に、普段から何重もの備えをし、研修で訓練を重ねていれば突発的なクライシスにも対処できる可能性が高まります。

　柔道には投げられたとき大けがを防ぐための技である受身※がありますよね。同様に、クライシス発生時にも致命的なダメージを受けないようにするための技があります。それがリスクマネジメントです。柔道の受身には理論に基づいた正しいやり方があります。受身の技は何度も練習しないと身に着きません。組織がクライシス対応で大失敗をしないようにするためにも、知見を深め普段から練習

を重ねておくべきです。そうしないと、いざというときに職員全体が効果的に動くことはできません。ぜひとも、年に最低1回はメディアトレーニングや危機管理訓練を実施し頭と体に対応法を覚えこませ、何が起きてもあわてず、視野狭窄に陥らないように心を強く鍛えておくとよいでしょう。

※受身：投げられたときの衝撃を和らげるための技術。柔道を学ぶときには、技を極める前に、受身を完成させることから始めると、受身が上達することによって、投げられることへの恐怖心がなくなり、技が上達すると言われている。（柔道チャンネル　柔道用語辞典から抜粋 https://www.judo-ch.jp/dictionary/terms/ukemi)

クライシスに備え「受身」の技を身に着けよう

- クライシス対応で大失敗しないために頭と体に対応法を覚えこませることが大切

④ 不祥事を未然に防ぐためにすること

あたりまえの話ですが、未然に防ぐには予防が一番です。予防をするには、どんな不祥事が起こりえるのか、考えておかなくてはなりません。過去の不祥事は調べればわかります。では、まだだれも経験したことがないことについてはどうしたらよいでしょうか。失敗学では「思いつきもしないことも起こる」と考えます。想像力が乏しい人には「思いつきもしないこと」がたくさんあります。それでは未然に防げないことが増えてしまいます。とすると、想像力を豊かにして、なるべくいろいろな思いつきをしておいたほうがいいということになります。

5 想像力の訓練「ネガティブ・ブレーンストーミング」のススメ

　備えるためには、想像力が必要です。すでに体験したことなら、うまくいったこと、いかなかったことについて記録し、反省し、改善策を考えておけばいいです。自分たちは体験していないけれども他所ではすでに起きていることは、報道や事後の報告書あるいは体験者の話を聞くなどして調べれば、対応策が見えてきます。そして思いもつかないことには、お手上げかもしれませんが、思いもつかないことを減らすことはできます。まだどこにも起きていないことでも想像力を働かせれば、「こんなこといやだな。あってはならないな」と思いつくことはできます。思いつけば、何かしら予防策や、実際に起きたときの対応策も考えられます。その結果、「思いもつかないこと」の範囲は狭まっていくでしょう。

　どうやって想像力を高めるのか。私は、「ネガティブ・ブレーンストーミング」と名付けて、起きてほしくない嫌なことを考えて、思いついたことをみんなで出し合うことを推奨しています。ネガティブは“後ろ向き”、ブレーンストーミングは“みんなでアイデアを出し合うこと”ですよね。職員や関係者が集まって、「こういうことが起きたら困るよね」ということをなるべくたくさん出し合うのです。このときの意見は「奇想天外」「前代未聞」であればあるほど価値があります。それをホワイトボードに書き出していきます。まずはそこまででけっこうです。

　危機管理マニュアルを作るとき、まずリスクの洗い出しを行いますが、担当者が一人だけで調べたり考えたりしても限界があります。担当者が黙って一人で考えているとそれだけで暗くなって気分が落ち込むかもしれません。そうなると、ますます頭が固くなります。そこで、いろいろな部署から経験も多様なメンバーが数人集

まって、わいわいと「楽しい雰囲気」のなかで、「不吉なこと」を想像力の限りを尽くして意見を言い合うことをおすすめします。注意点は他人の意見を批評したり反対したりしないこと。「そんなこと起きるわけないじゃないか！」と打ち消してはいけません。ムカッと来るくらい嫌なことを考えましょう。不吉であればあるほど、それは無視できない大きなリスクなのですから。お菓子でもつまみながらリラックスして頭をほぐし、くつろいだ雰囲気で意見を出し合いましょう。「ああ、そんなこともあるかもね」と思った瞬間から、「もし、起きたらどうしようか」と頭は動き出します。

　事件や事故、災害に限らず、いじめやハラスメント、失言などの不祥事に巻き込まれ、それが運命を左右するクライシスに発展する危険性は常にあります。いっそのこと、すべて忘れて知らんふりしながら生活するほうが気が楽かもしれません。しかし、いつ自分たちがクライシスにはまってしまうのかはわかりません。いきなりクライシスに直面するより、もう覚悟を決めて、日ごろからリスクと付き合っていくほうがショックも小さいし受身の技も使えるでしょう。リスクを嫌がるのではなく、常にあるものだと正面から受け止めましょう。そして、心に余裕がある平時にリスクについて考え、それを小さくする方法を考えましょう。快適な生活のために歯を磨いたりお風呂に入ったりして身体を清潔に保つよう努力するのと同じように、本当は面倒で嫌でしょうけれど、日ごろからリスクマネジメントを心がけましょう。それが不祥事を未然に防ぐ一番の方法です。

第11章

マニュアルがない場合、
マニュアルどおりにいかない場合
の考え方

1 マニュアルの考え方

　危機管理広報マニュアルは平時に用意しておくものです。しかし、日常業務に追われ、いつかやろうと思いつつ、結局、何年も手がついていないという組織はけっこうあるのではないでしょうか。

　マニュアルは、当然あったほうがよいのですが、かといってマニュアルが万能というわけではありません。日本マイクロソフト株式会社代表取締役社長の吉田仁志氏が次のように語っています。「世の中に１つだけ変わらないものがあるとすると、それは"物事は変わる"ということ。（中略）マニュアルがあれば安心する人もいますが、将来にマニュアルは存在しません。（中略）先を見ていくことが我々リーダーに求められているのです」（日経ビジネス電子版SPECIAL「マイクロソフトの描くこれからの10年」Vol.03）

　結局のところ、マニュアルがあるから安心というわけではありません。しかし、マニュアルがなかったりそのとおりにいかなかったりしてもお手上げというわけでもありません。あきらめずに考え続け、想定外の事象や変化に対してその場で対処していけばよいのです。

2 巧遅より拙速

　もし、マニュアルがないのならば、危機管理広報の基本の"き"である「クライシスが起きたことを人々に早く知らせること」にまずは集中してください。マニュアルがないので、スマートな方法はとれないとは思いますが、とにかく「たいへんなことが起きたようだ」ということを、ホームページ、緊急メールなどで世間に知らせ

てください。

　なぜ、そんなに早く人々に知らせる必要があるかというと、一つには人間に備わったリスクマネジメント本能を呼び覚ますためです。報道を通じて、あるいはネットでダイレクトに、いまそこにある危機を人々に知らせてください。そうすれば、世間の人々はそれぞれ自助努力をするので、被害を小さくできる可能性が高まります。もう一つの理由は、あとで皆さんが「隠ぺい」を疑われないようにするためです。発表が遅くなればなるほど、「どうしてこんなに遅くなったんですか？」と記者や住民から突っ込まれる危険性は高くなります。そこでしどろもどろになってしまうと、「隠ぺいしようとしていたんですね」となり非難されます。そういったことを防ぐために、まずは世間の人々に知らせる努力をしてください。

　この際の考え方の参考になるのは「緊急地震速報」です。スマートフォンなど携帯電話では警報音とともに「地震です、地震です」というシンプルなメッセージが流れます。テレビでは「強い地震が予測されます。周囲の状況に応じて身の安全を確保し、状況に応じた、落ち着きのある行動をお願いします」などとテロップやアナウンスがでますよね。それと同じで、まずは人々に知らせること。これが基本です。詳細はあとから発表すればよいのです。また、そのお知らせが間違いであったのなら、あとで訂正すればよいのです。

　日本に危機管理という言葉と概念を広めた初代内閣安全保障室長で危機管理評論家の佐々淳行氏も、著書「危機管理のノウハウ」（PHP文庫）のシリーズのなかで危機管理上大切な情報原則は「巧遅より拙速」だと述べています。

　また、マニュアルがあってもマニュアルどおりに事が進まないこともよくあることです。

　危機管理広報はリスク・コミュニケーションとクライシス・コ

ミュニケーションの両方を指しています。いうまでもなく、コミュニケーションは相手があってのことです。皆さんの相手である地域住民や記者は、皆さんの予測どおりに反応してくれないかもしれません。事件や事故の調査も復旧・復興策も予定どおりには進まないかもしれません。マニュアルは平時に予測される範囲内で作られているので、実際の現場とは条件が違っていて、マニュアルのやり方が有効でないこともあって当然です。よって、マニュアルどおりにいかないときは、次善の策を考えましょう。そんなとき、やはり危機管理広報の基本の「クライシスが起きたことを人々に早く知らせること」を心がけてください。予定していた対策がうまくいかなかったとしても、うまくいかない言い訳を考える前に、「うまくいっていない」という目の前の状況を早く知らせたほうが、世間の人々にとっては有益なのです。

③ 「伝わらない」のは説明側の努力不足

　私はよく企業の経営者や広報担当者から「記者は自分が書こうとしているストーリーに合っていることしか聞き入れない」という嘆きの言葉を聞きます。この場合、記者だけが悪いのでしょうか？

　記者への説明に限らずコミュニケーションは難しいものです。世界的に有名な経営学者で現代社会最高の哲人と評されるP.F.ドラッカー氏の名言に「コミュニケーションを成立させるものは受け手である」というものがあります。なぜなら「人は知覚できるものしか知覚しない」し、「人は期待しているものだけを知覚する」からです。つまり、情報発信者が自分流の表現で説明しても、受け手がそれを正しく知覚するかどうかは受け手次第ということになります。説明する側が自分の言っていることを相手に理解してほしいと本当

に願うのならば、説明者こそが努力すべきです。相手が理解しないことを相手のせいにしている場合ではないのです。専門用語ではなく、相手がすぐにピンとくる平易な言葉で説明し、相手が描いているストーリーが間違っているのなら速やかに否定すべきです。相手がどうすれば理解できるのか、説明者が想像し工夫をしなくてはなりません。

④ 口下手、シャイを言い訳にしてはいけない

　私は年間100回近く、メディアトレーニング（模擬記者会見や模擬インタビュー）を行っています。多くの受講者にとっては、初めての体験で最初はうまく説明できません。そんなとき、「自分は人前で話すことが苦手で……」という人がいます。私は「安心してください。練習すればうまくなりますよ」とフォローします。これはおだてでもなんでもなく、本当にどんな人も３回、模擬記者会見を体験すれば完璧になります。"完璧"というのは、すべての質問にすらすら答えられるようになるという意味ではありません。たとえ答えがわからなくても、見ている人たちに不信感を与えなくなるということです。

　記者会見は演劇やコンサートではなく、説明者も俳優や歌手、アナウンサーではないことは記者や世間の人々もわかっています。よって、常にスムースにしゃべれなくてもかまわないのです。たとえ言葉につまっても、ゆっくりと着実に伝えるべき事を伝えられればよいのです。また、質問に答えられない場合も、「申し訳ございません。今、ここで即答できません。あとで調べてお知らせします」と落ち着いて言えれば大丈夫です。

　やってはいけないのは、説明者同士で顔を見合わせたり、ひそひ

そ話を始めたり、マイクを押し付けあったり、困った顔をしてあぶら汗を流したり、思いついたことを口走ったりして「怪しい」「見苦しい」と見聞きしている人に不信感を与えるような行動をすることです。

　メディアトレーニングを繰り返し行えば、このようなNG行動を避けられます。説明の仕方や質疑応答での対応法も身に着けられます。半年から１年経つと忘れてしまうこともありますが、もう一度トレーニングすればすぐに対応力は復活します。要は練習すれば乗り切れるのです。もう口下手だからシャイだからという言い訳はやめましょう。メディア対応は苦手かもしれませんが、克服する方法はあります。あとはやるだけです。

⑤ やってしまった事ではなく、その後の対応で評価される

　故意に他者の身体・生命・財産に損害を与えたら、それは犯罪ですから糾弾されてしかるべきです。しかし、故意ではなく過失の場合は「やってしまった事ではなく、その後の対応で評価される」といわれます。説明責任を果たし、自分たちがやってしまったミスや力不足については素直に反省し謝罪しましょう。

　危機管理広報の失敗例で目につくのは、きちんと説明しない、隠ぺいする、ウソをつく、明らかな過失を認めない、謝罪しないといったことで、マスコミや一般市民の反感を買ってしまうことです。もともとの事件や事故による一次被害より、そのあとの非難報道やネット炎上による二次被害のほうが大きくなった例は枚挙にいとまがありません。事が起きてしまったら、事態を冷静に見て、客観的に説明し、非があるのなら素直に謝ったほうが、最終的にはよいのです。

第12章

マニュアルをめぐる教訓

① マニュアルの存在意義

　東日本大震災では、危機管理マニュアルの有無とその活用法について様々な教訓がありました。ある幼稚園では災害用の危機管理マニュアルがあったのにまったく活用されず園児や職員から多数の犠牲者を出し、ある保育園ではマニュアルはなかったものの、保育士の間で大地震の際には津波が来るかもしれないから高台に逃げようという暗黙知があり、子どもの命を守ることを第一に考え、そのとおり行動したおかげで園児は全員助かりました。しかし、これらの事例は「マニュアルはあっても機能しない」「マニュアルはいらない」ということではありません。

　世の中には、前出の保育園のようにマニュアルがなくてもうまくいくことはあります。この保育園では、たまたま職員が暗黙知を共有していたので、全員助かったのです。もし時期が悪くて職員のほとんどが人事異動で赴任したばかりだったらどうなっていたでしょうか。暗黙知が共有されておらず、スムースな避難はできなかったでしょう。やはり、暗黙知をマニュアルという形に落とし込み、関係者が"その気"になれば共有できる環境にしておかなくては組織の安全は確保できません。

　一方で、せっかくマニュアルがあってもぜんぜん活用できていない組織は世の中に多いです。関係者に"その気"がないと、「マニュアルはどうなっているのか？」という疑問もわからないので、普段からマニュアルの存在を気にもしないし、マニュアルがあることを知っていても必要な場面で参照しようという気も起こらないということになります。

② マニュアルを使う側の意識の有無が結果を左右する

　マニュアルの価値が発揮されるかどうかは使う側の意識の問題です。私は何度か民間企業のために、危機管理広報マニュアルを作成したことがあります。理想を羅列するだけの指南書を作るのは簡単です。しかし、「実践可能な」マニュアルでなくては意味がありません。そこで、マニュアル作りを請け負った場合は、依頼主の会社の社員たちと共同作業で作り上げていきます。「危機発生時、速やかに情報収集するには、どうすればよいのか」「報道発表資料（プレスリリース）はどの部署が作り、どことどこの承認を得なくてはならないのか」「どの記者クラブで発表するのか」「会社のホームページに情報をアップするのは誰がやるのか」といったことは、会社ごとに千差万別です。そこで、「実践可能な」マニュアルにするためには、内部事情を熟知している社員といっしょに作らなくてはならないのです。

　さらに、いざというときにすぐに実行に移すには、ただ、マニュアルに目を通しただけでは足りません。もちろん、見たことがない、存在すら知らないというよりは、一度でも読んだことがあるというのとでは大きな差はありますが、目を通しただけで実際に運用できるかというとはなはだ疑問です。よく言われることですが、「マニュアルは作ることに意味がある。作った人が一番よく理解している」「前任者から受け継いだだけではマニュアルは使いこなせない」のです。とはいえ、毎年、人事異動があるたびに新任担当者がマニュアルを作るのはたいへんすぎて現実的ではありません。そこで、マニュアルに基づく研修を行い、半ば強制的にマニュアルを新任担当者に読んでもらうとよいでしょう。

3 マニュアルは平時に見ておくもの

　危機発生時にはじめてマニュアルを見ても実行になかなか移せません。気持ちが焦っているので、よく理解できないし、マニュアルどおりの条件がそろっていないこともあるからです。よって、マニュアルは、平時にこそ読んでおき、マニュアルに記された一つ一つの動作にどういう意味があるのか根本的な理屈を理解しておくべきです。そうすれば、マニュアルの想定とはちがう条件下でも「何のために何をすべきか」が想像できるようになります。できれば、模擬緊急記者会見や避難訓練など実習も一緒にやっておくといいでしょう。そうすれば体が緊急時に必要な動き方を覚えます。

　長年、現場対応をしていて思うことは、「危機管理広報には反射神経が大切」ということです。卓球やテニスの試合のように、相手の球が飛んでくる方向を瞬時に判断し、素早く移動し、相手の位置を一瞬で確認し、相手のすきをねらって打ち返す。判断や動きが遅いと勝てません。危機管理広報でも、状況が次々と変化していくなかで、マスコミやネットにはどう対応すべきか瞬時に判断せねばなりません。実をいうと、クライシスの現場でマニュアルを見ている暇はほとんどないのです。マニュアルは平時にこそ、存在を意識し見ておくものです。

4 いざというときに有効な基本ルール

　もし、マニュアルにない事象が起きたときは何をすればいいでしょうか。あるいは、残念なことにまだマニュアルができていないのに、クライシスに巻き込まれたらどうすればよいでしょうか。そ

東日本大震災─私立H幼稚園事件

- 東日本大震災のとき、I市の私立H幼稚園が地震直後、送迎バスで親元へ送り返そうとした園児5人が津波火災に巻き込まれ死亡
  - 園長「園庭に避難した子どもたちが不安がったり寒がったりしたので、親御さんの元に早く帰そうとした。津波が来るとは思わなかった」
  - 津波後の保護者説明会でのやりとり

      母親「防災マニュアルは職員全員に配布しているんですか？」
      園長「私の書庫にファイルとして置いてあるので、職員には配布してません」
      母親「えっ　配布していないんですか？」
      園長「これは園長として申し訳ないと思っています」
      職員「私も入った時からずっとマニュアルの存在を知らなくて…」
  - 職員のほとんどが防災マニュアルの存在すら知らなかった
  - 防災マニュアルには「災害発生時には、保護者が迎えにきたら園児を引き渡す」と記載されていた
  - 園側が安全配慮を怠ったためだとして、亡くなった4人の遺族が園側に損害賠償を求め提訴
  - その後、和解が成立

比較：I市立K保育所

- 地震発生時はお昼寝の時間だったが、急いで園児を起こし、山の上にある別の保育所へ避難し、**全員無事**
- 子どもの命を守ることを第一に考え、地震になったら子どもに最適の環境である別の保育所へ行くことが、先生たちの中で暗黙の了解
- 子どもの命を優先した行動が子どもの命を守ることに

◎それでも、反省すべき点はある！
  ×マニュアル化されていなかった
  ×周知徹底されていなかった
  →山の上へ避難することを保護者は知らなかった

の答えは、「基本に立ち返る」ということです。目の前のことに気を取られたり余計な忖度をしたりしていると、優先順位のつけ方を間違えてしまいます。まずは、自分たちの本来の責任は何なのかを思い出してください。そして、それを果たすために何をすればよいのか、素直に考え行動する。それしかありません。

　東日本大震災のとき、マニュアルがないにもかかわらず園児全員助かったＩ市立Ｋ保育所は「子どもの命を守ることを第一に考えた」おかげで、適切な行動がとれました。マニュアルがあり、理解しているのがベストですが、なくても基本に忠実になれたのでなんとか命を守れたのです。

第13章

SNS 対策

1 炎上は非難報道よりもやっかい

　マスコミの代表格であるテレビや新聞で不祥事が批判的に報道されても、一案件につきせいぜい３日間程度です。週刊誌も次の週まで特集が続くほどの不祥事は少数です。状況に進展がなければ、あるいは解決すれば、それ以上報道が長引くことはめったにありません。何週間、何か月も報道され続ける事件・事故があれば、インパクトがあるので、そのように長く報道されるような印象を受けます。しかし、実際にはそんな案件はそれほど多くはありません。多くの報道は一過性です（それでもインパクトは大きいですが）。一方、ネットの炎上が長期にわたることはしょっちゅうあります。

　私はクライアントのクライシスについて、コンサルテーションと現場対応に長年携わっています。つくづく感じるのは「SNSで騒がれるとほんとうにやっかいだ」ということです。

　マスコミはプロの記者やカメラマンが取材をし、報道機関が会社の責任として報道しています。一つの記事やニュースが世に出るまでに、マスコミ各社内で何度もチェックされます。どの報道機関も事実を正確に把握し、それを世間に伝えようという基本姿勢は皆共通しています。当事者が「事件・事故について説明する」と言えば、きちんと取材をしてくれます。ときに誤報されることがありますが、マスコミには一定の秩序があると私は考えます。

　一方、SNSは事情がかなり違います。まず、SNSで情報発信をしているのは一般の人々で、取材のプロではありません。よって、事件・事故の当事者に取材し確かめることもありません。SNSにアップする前に自分以外の第三者がチェックするわけでもないので、聞きかじりの情報をもとに一時的な感情や憶測もそのまま発信できます。何よりも匿名性が高いので、もし間違った情報をネット上に流

しても、世間には身元がバレません。まずいと思ったら、さっさと書き込みを消したりアカウントを閉じたりして、逃げることも可能です。

　もう一つ、報道関係者とSNSユーザーには大きな違いがあります。それは一つの案件にかけられる時間の長さです。プロの記者やカメラマンは忙しいので、いつまでも同じ案件に関わっていられません。世間では次々と新しい事件・事故が起こります。報道関係者はだれよりも早くそれらを追っていかなくてはなりません。競争は過酷で、報道関係者はいつもとても忙しいのです。それに比べてSNSユーザーには自由になる時間がたくさんあります。好きなだけ一つのことにこだわることができます。たとえ仕事や学業があったとしても、SNS上で"ターゲット"と定めた組織や個人を"何度でも"、"いつまでも"攻撃することができます。

　それゆえ、マスコミ報道よりもSNSで騒がれたときのほうが頭が痛いのです。

SNSでは、なぜデマが広がりやすいのか

　1. エコーチェンバー効果
　2. フィルターバブル効果
　3. バックファイヤー効果
　が働くから

エコーチェンバー効果

- 考えの似た者同士が集まりやすく、同様の情報にくり返し触れやすい

- 自分の意見が強化される

※エコーチェンバー
- 音楽の録音などをするための残響室（反響室）の意
- 壁面などの音の吸収を抑え、長い残響が生じる現象

フィルターバブル効果

- 検索履歴などから"ユーザーが見たくないような情報を遮断"する機能により、好みそうな情報しか届かなくなる
- まるで「泡」(バブル) の中に包まれたように、自分が見たい情報しか見えなくなる

- 視野が狭くなる

バックファイヤー効果

- 自分の意見に対し否定的な意見が示されると、防衛本能によって自分の意見を固持しようとしてしまう

- 否定されればされるほど、自分の考えを信じ込む

※バックファイヤー
- 逆火（ぎゃっか）。ガス火炎を使用中に火炎が火口からガスの供給側へ戻る現象
- 自動車のエンジン内部の燃焼異常。ひどい場合は延焼し、車両の全焼につながる

② 炎上への対応法—①事実確認

　ネットで炎上が起きたときの対応法について考えましょう。まずは、炎上のもととなった書き込みが、皆さんの認識と合っているのかどうかを確かめてください。その結果は、下記の３種類に分かれるでしょう。

① ネットの書き込みは事実、あるいは自分たちに落ち度がある

② ネットの書き込みは事実無根で、自分たちはまったく関係がない

③ どちらとも言えない、わからない、自分たちにも確証がない

3 炎上への対応法─②メッセージを表明

　どんな場合であっても、やることはまず、自分たちのホームページにコメントを発表することです。SNSの騒ぎを放っておいてはいけません。早めに対処したほうが、効果がでます。SNS上で一つ一つの書き込みに反論するのはやめたほうがよいです。きりがないし、書き込み合戦になったら相手や周りで見ている野次馬たちがおもしろがるだけです。

　さて、前項**2**で挙げたそれぞれの場合に発表すべきメッセージについて説明します。

① **ネットの書き込みは事実、あるいは自分たちに落ち度がある場合**

　この場合は言い訳のしようがないので、素直にお詫び文をホームページに掲載してください。そして、ポジション・ペーパーもアップしてください。注意点は、「お詫び文」は「ポジション・ペーパー」とは別にするということです。お詫び文は独立した文書にしてください。

①＜市ホームページに掲載されたお詫び文の例＞

令和X年5月Z日

皆様にお詫び申し上げます。

このたびは、〇〇社会長夫妻のコロナワクチン接種特別対応につきまして、接種の公平性を欠き、△市のワクチン接種に対する市民の皆様からの信用を著しく損ねてしまったことに対し、心からお詫び申し上げます。誠に申し訳ございませんでした。

本日令和X年5月Z日に緊急記者会見を開き、今回の詳細な経緯をご説明いたしました。内容につきましては、添付の報道発表資料のとおりでございます。

今後につきましては、今回の原因を明らかにし、再発防止策を徹底して△市の信頼回復に努めてまいるとともに、市民の皆様と共に、新型コロナウイルス感染症の拡大防止に職員一丸となって取り組んでまいります。

　　　　　　　　　　　　　　△市長　■■■
（※実例をもとに筆者が一部変更・加筆）

┌───┐

【報道発表資料】

〇〇社会長夫妻のコロナワクチン接種特別対応に関する経緯について

令和X年5月Z日　△市健康福祉部

＜経緯＞

１．４月X日　午前10時～15時

- 〇〇社会長秘書から△市健康課に電話が入る。
- 会長夫妻のワクチン接種について、「５月Z日から始まる高齢者入所施設での一般接種枠で受けることができないか」との依頼を受ける。
- 健康課担当職員は、「高齢者入所施設の枠ではできない」と断る。
- 同様の電話が再三にわたり掛かってくるため、健康課担当職員では対応ができなくなり、健康福祉部長に対応をかわる。
- 健康福祉部長は、〇〇社秘書に電話をし、特別扱いできないことを伝える。
- 再度、秘書から「何とかならないか」との電話が入る。
- 健康福祉部長と副市長が相談し、５月Z日以降に行われる高齢者施設での一般接種の枠で、配慮することとし、〇〇社会長秘書にその旨を伝える。

２．５月Z日　午前9時

- □□新聞社から市役所に、会長夫妻への優先接種の正当性について問い合わせの電話が入る。

３．５月Z日　午前10時

- 副市長から〇〇社会長夫妻にワクチン接種の取りやめを依頼し、了解を得る。

（※実例をもとに筆者が一部変更・加筆）

└───┘

② **ネットの書き込みは事実無根で、自分たちはまったく関係がない場合**

　このときはシンプルにウワサを否定するだけでよいです。書き込んだ人を責めるような文言は控えましょう。そんなことをすると新たな炎上を招きます。

②＜デマは事実無根であると発表した例＞

- X年3月X日、O社が自社サイトで「新型コロナウイルス関連報道について」として発表

  背景：X年3月、市役所が記者会見で「60代男性が感染していたにもかかわらず、市内のスポーツクラブを複数回利用」と発表。直後から、ツイッターで「当該男性はO社の社長だ」とデマが拡散され、O社にクレームの電話がかかってきた。

  新型コロナウイルス関連報道について

  このたび、新型コロナウイルス感染が確認された市内の60代男性が、市内のスポーツジムを利用していたことが判明したという報道がありました。

  この男性が弊社の関係者であるという噂が広まっており、地域の皆様に大変なご心配をおかけしているという情報を取引先さま、地域の方々からの情報提供により確認いたしました。

  この噂は事実無根であり、当該男性は弊社とは無関係です。

  ご理解、ご承知おきをいただきますよう、お願い申し上げます。

  （※実例をもとに筆者が一部変更・加筆）

　もし皆さんが否定コメントを発表してもなお、ネットに悪質な投稿を続ける人がいた場合は、法的手段に訴えることも検討しましょう。プロバイダー責任制限法（正式名称：特定電気通信役務提供者の損害賠償責任の制限及び発信者情報の開示に関する法律）は2021年に改正され、悪質な書き込みをしている人物を特定しやすくなりました。そこで、まずその人物を特定し名誉棄損で訴えるという方法があります。そして、法的手段をとることをマスコミ発表しましょう。このような毅然とした態度をとることで、「ネット上のウワサは真実ではない」と世間の人々にも訴えることができます。

③　どちらとも言えない、わからない、自分たちにも確証がない場合

　このような場合は、事実関係は不明であることと、これから調査することの2点を述べるだけにしましょう。それ以上、余計なことは掲載しないほうが安全です。余計なことをごちゃごちゃと書き込

むとあげ足をとられたり、新たな疑惑を持たれたりするおそれがあります。

③＜ネットのウワサが真実かどうかわからないときの文例＞

当市に関するネット上の情報について

令和Ｘ年Ｘ月Ｘ日
〇〇市広報広聴課

現在、ネット上で△△という情報が拡散されていますが、それが事実であるのか否かは判明しておりません。

そこで当市では調査委員会を立ち上げ、事実関係を確認することにしました。

Ｘ月ＸＸ日までに調査を終了し、結果は速やかに公表する予定です。

 炎上への対応法──③誹謗中傷には毅然とした態度

SNSの出現以前は、ネットで嫌がらせを受けても無視しているほうがよいと言われていました。執拗に嫌がらせをする人は愉快犯のようなもので、こちらが熱く反応するとかえって喜んで、さらに騒ぎを大きくしようとするからという理屈でした。

しかし、世の中の状況は変わりました。SNSが急速に普及したため、ネット上のおかしな書き込みを放置しておくと、瞬く間にウワサが広まって風評被害に遭うリスクが大きくなりました。おかしな情報を放置しておくと世間の人々がネット上のウワサに踊らされエネルギーもお金も時間も無駄にする被害も出かねません。それで、ネット上のウワサは無視するのではなく、早めに火消しをしたほうがよいということになってきました。

さて、ここで皆さんの"心の持ちよう"について一つアドバイスをします。誹謗中傷にあたるような書き込みをしたり、炎上をあ

おったりする人はほんの一握りだということを常に頭に置いておいてください。ひとたび炎上が起こると全世界の人々から責められているような気がしますが、そんなことはないのです。さまざまな調査から、ネットで批判的な書き込みをする人は、ネットユーザーの３％にも満たないということがわかってきました。ただし、その少数の人たちは、何度も書き込みをするという特徴があります。身元が特定されないよういくつもの違う名前でアカウントを作り、批判的コメントを一人で大量生産し、あたかも大勢が騒いでいるような印象を与えている場合もあります。たとえば、２ちゃんねる（現５ちゃんねる）の管理人であったひろゆき氏は、「２ちゃんねる上のほとんどの炎上事件の実行犯は５人以内であり、たったひとりしかいない場合もある」と述べているそうです※。（※出典：山口真一著『正義を振りかざす「極端な人」の正体』光文社新書　2020年、P.128）

　ネット上のウワサは放置していてはいけませんが、非難は担当者個人に向けられているわけではないし、悪口を書き込む人はごくごく少数なのだということを思い出してください。そして、うろたえずに冷静にやるべきことに早く着手してください。

参考

危機に関する言葉の整理

日本語は、カタカナの外来語と漢字の熟語が混在しているため、「危機管理」と「リスクマネジメント」、そして「クライシスマネジメント」が同時に使われています。しかし、区別はあいまいです。リスクとクライシスはどちらも「危機」と多くの辞書に出てくるので、リスクマネジメントもクライシスマネジメントも危機管理と翻訳できます。

　この二つはどう区別するのでしょうか。あるいは同じことを言っているのでしょうか。混乱しますよね。そこで、改めて言葉の整理をします。

　厳密には「リスク」と「クライシス」は違います。リスクの語源の一つは「狭い崖の間を船で行くこと」だそうです。うまく通り抜けると新大陸が発見できそうですが、船が崖にぶつかって座礁することもあるでしょう。いかにも危ない感じがします。クライシスは「運命の分かれ目」という意味があり、リスクと同じではありません。リスクマネジメントでは「リスクが顕在化してクライシスになる」とよく言います。これは、「危なそうな状態だったのだが、ほんとうに事故や事件、災害などが起きて運命の岐路に立つことになってしまう」という趣旨です。

リスクとクライシス

- 「リスクが顕在化してクライシスとなる」
  - リスクは「目的に対する不確かさの影響」
  - クライシスは「運命の分かれ目」

　リスクマネジメントに関する国際規格ISO31000では、「リスク」は「目的に対する不確かさの影響」となっています。「リスクマネ

ジメント」については「リスクについて組織を指揮統括するための調整された活動」と定義し「目的を達成するためにリスクに対して行う活動」と説明しています。2021年5月2日付の日本経済新聞には、「リスクマネジメント」について、「損害を及ぼしそうな項目を洗い出し、影響を分析・評価する『リスクアセスメント』と、優先度の高い順に発生を押さえたり、損害を受けても影響を小さくとどめたりする『リスク対応』の2点セットにした管理手法」と説明されています。

　「クライシスマネジメント」は、事が起きてからの対処、つまり復旧・復興段階を指しています。「危機管理」という言葉は、クライシスマネジメントの翻訳として生まれたようです。

リスクとは

- 目的に対する不確かさの影響(ISO31000)

  - 目的を設定してはじめて定義できる
    - 目的は様々、よってリスクも千差万別。万人共通の絶対的なリスクというものはない
  - 好ましくない影響だけではなく好ましい影響も含む
    - 「ハイリスクハイリターン」
    - 「リスクはチャンス」
- 自治体（あなた）のリスクとは何ですか？
  - 自治体（あなた）の目的は何ですか？

　最近は「クライシスマネジメント」よりも「リスクマネジメント」という言葉のほうが報道やビジネスの場で見聞きすることが多いようです。理由は"広い意味"のリスクマネジメントにはクライシスマネジメントも含むからです。よって、リスクマネジメントの

ほうが表現としては幅が広く便利だからだろうと私は見ています。

「危機管理広報」は、一般的にはクライシスが起きた直後からのクライシス・コミュニケーションを指しています。しかし、「危機」にはリスクの意味もあるし、リスク・コミュニケーションの良し悪しがその後のクライシス・コミュニケーションにも影響を与えるので、危機管理広報にはリスク・コミュニケーションも含むと私は解釈しています。

クライシス・コミュニケーションとは

- 失言や事件・事故により**危機的状況に陥ったときのコミュニケーション活動全般**
- 当事者が世間に対し情報を公開し、マスコミや地域住民、つまりステークホルダーから理解と協力を得ようとする活動
- **マスコミ対応**と**ネット対応**が重要

クライシス・コミュニケーションの３原則

1. 誠実第一主義に基づいた情報公開
   - ―正直が一番
   - ―隠ぺいを疑われないように注意

2. 明確な方針と戦略が重要
   - ―現実的な落としどころを見すえておく
   - ―大事なステークホルダーに伝えるべきメッセージを明確に

3. 知識やスキルより意識が大切
   - ―ニュースの"旬"を日頃から観察しておく
   - ―平時の広報が最強のリスクマネジメント、好感度の貯金を

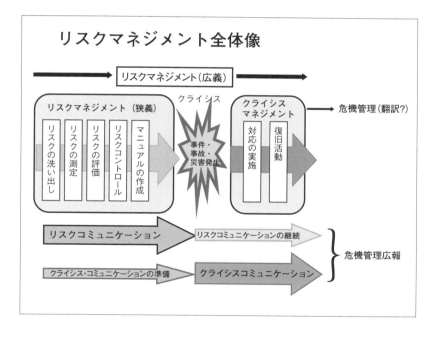

あとがき

　クライシスが起きた組織の担当者から相談を受けたとき、私の役割は具体的な対応策を提案するだけではありません。対応策は本書に記したように、記者や一般市民の立場になって考えれば、何をすべきかすぐにわかります。私が多くの時間を割くのは、クライシスに直面した当事者を励ますことなのです。

　何か問題が起こると、当事者はまるでこの世の終わりを宣告されたかのようにうろたえ落ち込みます。そうなると、頭も体も硬直して本来の能力が発揮できなくなります。

　そこで、私は当事者の対応力を上げるために、一生懸命励まします。当事者にとっては、ある日突然クライシスが起きて地獄のような日々が始まり、それが永遠に続くような気がするでしょう。しかし、本当に苦しいのは最初の数日間だけです。「明けない夜はない」のと同様に「終わらないクライシスはない」のです。何事も「始まれば終わる」のです。希望を持って、粛々とやるべきことをやっていきましょう。

　リスクマネジメントは「悲観的に準備し、楽観的に実行せよ」と言われます。本書を読み心構えをして、いざというときの準備を始めた皆さんは、すでに困難を乗り越える力があります。実際にクライシスに直面したときは、自分たちがしてきた努力を信じて、現実から逃げることなく前向きに対処していってください。そうすればきっと状況は好転します。ご健闘をお祈りいたします。

2021年秋　宇於崎裕美

著者紹介

宇於崎　裕美 （うおざき　ひろみ）

広報＆危機管理広報コンサルタント、有限会社エンカツ社代表取締役社長

横浜国立大学工学部安全工学科卒。つくば科学万博、リクルート、電通バーソン・マーステラ等勤務を経て1997年、有限会社エンカツ社を設立。国内外の官庁、企業、大学等において広報、リスク・コミュニケーション、クライシス・コミュニケーションに関する講演やメディアトレーニングを実施。

これまでに、スペイン・カンタブリア州地域開発公社東京連絡事務所代表、横浜市西区「わが町西区売り込み隊」広報アドバイザー、多摩市 広報・PRアドバイザーを経験。

●現在
・横浜国立大学 非常勤講師（リスク共生社会創造センター）
・東京消防庁 広報広聴アドバイザー
・失敗学会 理事
・安全工学会 会員
・食生活ジャーナリストの会 会員

●著書・共著書
・「不祥事が起こってしまった！──企業ブランド価値を守るクライシス・コミュニケーション」（著書、2007年、経営書院）
・「クライシス・コミュニケーションの考え方、その理論と実践」（著書、2011年、経営書院）
・「人と組織の心理から読み解くリスク・コミュニケーション」（共著、2012年、日本規格協会）
・「リスクコミュニケーションの現場と実践」（著書、2018年、経営書院）等

●エンカツ社　https://enkatsu.jp/
　「"円滑"なコミュニケーションとビジネスを実現するコンサルティング会社」

公務員の危機管理広報・メディア対応
非難報道・炎上・バッシングの予防と応急措置

2021年11月25日　初版発行

著　者　　宇於崎裕美

発行者　　佐久間重嘉

発行所　　学 陽 書 房

〒102-0072　東京都千代田区飯田橋1-9-3
営業／電話　03-3261-1111　　FAX　03-5211-3300
編集／電話　03-3261-1112　　FAX　03-5211-3301
http://www.gakuyo.co.jp/

装幀／佐藤博　　イラスト／おしろゆうこ
DTP制作／みどり工芸社　　印刷・製本／三省堂印刷
© Hiromi Uozaki,2021, Printed in Japan
ISBN 978-4-313-15135-2　C0034
＊乱丁・落丁本は、送料小社負担にてお取替えいたします。